实用语文

李 哲 郑 静◎主 编

上海财经大学出版社
SHANGHAI UNIVERSITY OF FINANCE & ECONOMICS PRESS

图书在版编目(CIP)数据

实用语文 / 李哲,郑静主编. -- 上海 :上海财经大学出版社, 2025.8. -- ISBN 978-7-5642-4741-6

Ⅰ.G634.301

中国国家版本馆 CIP 数据核字第 2025FT2488 号

□ 责任编辑　杨　闯

□ 封面设计　贺加贝

实用语文

李　哲　郑　静　主编

上海财经大学出版社出版发行

(上海市中山北一路 369 号　邮编 200083)

网　　址:http://www.sufep.com

电子邮箱:webmaster@sufep.com

全国新华书店经销

上海华教印务有限公司印刷装订

2025 年 8 月第 1 版　2025 年 8 月第 1 次印刷

710mm×1000mm　1/16　12 印张　195 千字

定价:39.80 元

前 言

党的二十大报告强调，我们要坚持教育优先发展、科技自立自强、人才引领驱动，加快建设教育强国、科技强国、人才强国，坚持为党育人、为国育才，全面提高人才自主培养质量，着力造就拔尖创新人才，聚天下英才而用之。为了培养大批德才兼备的高素质人才，不断深化高职学生人文底蕴，使学生具备职业所需的综合文化素质，我们组织编写了这本《实用语文》教材。

本教材秉承“以文明德、以史开智、以用强技”的原则，旨在帮助学生涵养美好品格、培养成熟心智、掌握实用技能，引导学生学会做人、学会学习、学会生活，形成健全的人格，养成良好的个性，习得丰富的知识，提高思想修养、思辨能力与审美情趣，为学好其他专业课程和应对未来的职业生涯奠定坚实的文化素养基础。

本教材内容丰富多样，涵盖了古代文学、现代文学、外国文学等多个领域，通过经典作品的阅读与学习，引导学生领略语言的魅力、提升文学鉴赏能力。古代文学方面，本教材选取了众多优秀的诗词、散文作品，让学生感受中华文化的源远流长、博大精深。这些作品不仅语言优美，而且蕴含着深刻的人生哲理和道德观念，有助于学生形成正确的人生观和价值观。现代文学部分多为注重反映社会现实和人民呼声的作品，通过现代小说、散文、诗歌等文体展现时代的变迁和社会的进步。这些作品贴近学生生活，易于引起共鸣，有助于培养学生的社会责任感和人文情怀。此外，教材还引入了外国文学作品，以拓宽学生的国际视野，增强跨文化交流能力。这些作品不仅语言风格各异，而且文化背景丰富，有助于学生理解多元文化的魅力。

本教材注重学生的主体性，灵活设计语文学习活动，通过基础夯实、辩证思考、深度学习、读写结合等方式，着重培养学生“学、思、悟、用”的能力，促进学生全面发展。同时，本教材注重实践性和创新性，增加了语法、古文常识、修辞、写作等知识拓展模块，通过强化语文实践活动和结构化设计等方式，多角度提升学生的学习效果和综合素质。

本教材由李哲担任第一主编，负责教材整体设计，并编写第一单元至第三单元；郑静担任第二主编，负责编写第四单元；副主编吕一姣、窦新艺、宋安冉、王紫薇负责编写第五单元；其余参编人员王文雪、张淼、赵玉灵、李家俊、张娟、徐然婷、宁昊然、王晴晴、张海花、吴雁、张传龙负责编写第六单元及古诗词诵读篇目整理工作。本书编者在编写教材的过程中参考借鉴了国内外优秀学者的理论研究与实践成果，这些学者的研究成果为更好地丰富教材内容、呈现教材效果奠定了良好基础，在此对他们致以由衷的感谢！限于编者水平，教材中可能产生部分疏漏与不当之处，恳请广大读者提出宝贵的意见与建议，以便我们进一步修订提高。

山东劳动职业技术学院
2025 年 5 月

目 录
Contents

第一单元

故都的秋[①]

郁达夫

学习提示

课文展现了作者对北国之秋的独特感受:“来得清,来得静,来得悲凉。”文中刻画了大量富有特色的景物,以此渲染故都秋的这一特征,写出了故都特有的秋色、秋味和秋的意境,抒发了浓浓的眷恋之情。本文写作前后,作者正遭到白色恐怖分子的威胁。因此,本文所描写的景物又流露出落寞和悲凉的人生感受。

在写作手法上,课文将南国之秋与北国之秋进行对比,突出北国之秋的浓度与特色。课文还在写景之后转入议论,把作者对秋的感受提高到一个更高的层面,具有较强的理性色彩。在句式的选择上,课文多用短句,但长短相间,多用排句,但整散结合,形成了一种既典雅又洒脱的风格。

---

① 选自《郁达夫文集》第三卷(花城出版社、生活·读书·新知三联书店 1982 年版),略有改动。郁达(1896—1945),原名郁文,字达夫,浙江富阳人,现代作家。代表作有短小说《沉沦》《春风沉醉的晚上》《迟桂花》等。因在南洋从事抗日工作,1945 年 9 月 17 日被日本宪兵杀害于印度尼西亚苏门答腊。1952 年,中华人民共和国中央人民政府追认他为革命烈士。故都,指北平,是北京的旧称之一。

课　文

秋天，无论在什么地方的秋天，总是好的；可是啊，北国的秋，却特别地来得清，来得静，来得悲凉。我的不远千里，要从杭州赶上青岛，更要从青岛赶上北平来的理由，也不过想饱尝一尝这“秋”，这故都的秋味。

江南，秋当然也是有的，但草木凋得慢，空气来得润，天的颜色显得淡，并且又时常多雨而少风；一个人夹在苏州上海杭州，或厦门香港广州的市民中间，混混沌沌地过去，只能感到一点点清凉，秋的味，秋的色，秋的意境与姿态，总看不饱，尝不透，赏玩不到十足。秋并不是名花，也并不是美酒，那一种半开、半醉的状态，在领略秋的过程上，是不合适的。

不逢北国之秋，已将近十余年了。在南方每年到了秋天，总要想起陶然亭①的芦花，钓鱼台②的柳影，西山③的虫唱，玉泉④的夜月，潭柘寺⑤的钟声。在北平即使不出门去吧，就是在皇城人海之中，租人家一椽破屋⑥来住着，早晨起来，泡一碗浓茶，向院子一坐，你也能看得到很高很高的碧绿的天色，听得到青天下驯鸽的飞声。从槐树叶底，朝东细数着一丝一丝漏下来的日光，或在破壁腰中，静对着像喇叭似的牵牛花（朝荣）的蓝朵，自然而然地也能够感觉到十分的秋意。说到了牵牛花，我以为以蓝色或白色者为佳，紫黑色次之，淡红色最下。最好，还要在牵牛花底，教长着几根疏疏落落的尖细且长的秋草，使作陪衬。

北国的槐树，也是一种能使人联想起秋来的点缀。像花而又不是花的那一种落蕊，早晨起来，会铺得满地。脚踏上去，声音也没有，气味也没有，只能感出一点点极微细极柔软的触觉。扫街的在树影下一阵扫后，灰土上留下来的一条条扫帚的丝纹，看起来既觉得细腻，又觉得清闲，潜意识下并且还觉得有点儿落寞⑦，古人

---

① 〔陶然亭〕在北京市陶然亭公园内，亭的名字取自白居易诗《与梦得沽酒闲饮且约后期》中的“更待菊黄家酝熟，共君一醉一陶然”。

② 〔钓鱼台〕在北京市阜成门外三里河，玉渊潭公园东面，环境清幽。

③ 〔西山〕北京西郊群山的总称，是京郊名胜。

④ 〔玉泉〕指玉泉山，是西山东麓支脉。

⑤ 〔潭柘（zhè）寺〕在西山的潭柘山腰，相传“寺址本在青龙潭上，有古柘千章，寺以此得名”。

⑥ 〔一椽（chuán）破屋〕一间破屋。椽，放在房檩上架着木板或瓦的木条，这里代称房屋的间数。

⑦ 〔落寞〕冷落，寂寞。

所说的梧桐一叶而天下知秋[①]的遥想，大约也就在这些深沉的地方。

秋蝉的衰弱的残声，更是北国的特产，因为北平处处全长着树，屋子又低，所以无论在什么地方，都听得见它们的啼唱。在南方是非要上郊外或山上去才听得到的。这秋蝉的嘶叫，在北方可和蟋蟀耗子一样，简直像是家家户户都养在家里的家虫。

还有秋雨哩，北方的秋雨，也似乎比南方的下得奇，下得有味，下得更像样。

在灰沉沉的天底下，忽而来一阵凉风，便息列索落地下起雨来了。一层雨过，云渐渐地卷向了西去，天又晴了，太阳又露出脸来了，着[②]着很厚的青布单衣或夹袄的都市闲人，咬着烟管，在雨后的斜桥影里，上桥头树底下去一立，遇见熟人，便会用了缓慢悠闲的声调，微叹着互答着地说：

"唉，天可真凉了——"(这了字念得很高，拖得很长。)

"可不是吗？一层秋雨一层凉了！"

北方人念阵字，总老像是层字，平平仄仄起来[③]，这念错的歧韵，倒来得正好。

北方的果树，到秋天，也是一种奇景。第一是枣子树，屋角，墙头，茅房边上，灶房门口，它都会一株株地长大起来。像橄榄又像鸽蛋似的这枣子颗儿，在小椭圆形的细叶中间，显出淡绿微黄的颜色的时候，正是秋的全盛时期；等枣树叶落，枣子红完，西北风就要起来了，北方便是尘沙灰土的世界，只有这枣子、柿子、葡萄，成熟到八九分的七八月之交，是北国的清秋的佳日，是一年之中最好也没有的 Golden-Days[④]。

有些批评家说，中国的文人学士，尤其是诗人，都带着很浓厚的颓废的色彩，所以中国的诗文里，赞颂秋的文字特别的多。但外国的诗人，又何尝不然？我虽则外国诗文念得不多，也不想开出账来，做一篇秋的诗歌散文抄，但你若去一翻英德法意等诗人的集子，或各国的诗文的 Anthology[⑤] 来，总能够看到许多关于秋的歌颂和悲啼。各著名的大诗人的长篇田园诗或四季诗里，也总以关于秋的部分，写得最

---

① 〔梧一叶而天下知秋〕《淮南子·说山》："以小明大，见叶落而知岁之将暮。"《太平御览》引作"一叶落而知天下秋"。

② 〔着(zhuó)〕穿(衣)。

③ 〔平平仄仄起来〕意思是推敲起字的韵律来。

④ 〔Golden Days〕英语，黄金般的日子，这里可译为黄金季节。

⑤ 〔Anthology〕英语，诗文曲画的选集。

出色而最有味。足见有感觉的动物，有情趣的人类，对于秋，总是一样地能特别引起深沉、幽远、严厉、萧索的感触来的。不单是诗人，就是被关闭在牢狱里的囚犯，到了秋天，我想也一定能感到一种不能自已的深情；秋之于人，何尝有国别，更何尝有人种阶级的区别呢？不过在中国，文字里有一个“秋士”①的成语，读本里又有着很普遍的欧阳子的《秋声》②与苏东坡的《赤壁赋》等，就觉得中国的文人，与秋的关系特别深了。可是这秋的深味，尤其是中国的秋的深味，非要在北方，才感受得到底。

南国之秋，当然是也有它的特异的地方的，譬如廿四桥的明月③，钱塘江的秋潮，普陀山④的凉雾，荔枝湾⑤的残荷等等，可是色彩不浓，回味不永。比起北国的秋来，正像是黄酒之与白干，稀饭之与馍馍，鲈鱼之与大蟹，黄犬之与骆驼。

秋天，这北国的秋天，若留得住的话，我愿把寿命的三分之二折去，换得一个三分之一的零头。

一九三四年八月，在北平

思考与练习

预习作业

一、抄写下列词语，并给加点字注音。

混混沌沌	潭柘寺	一椽破屋	槐树	朝荣	落寞
嘶叫	着着单衣	颓废	萧索	不能自已	廿四桥

二、课文选取了哪些景物来表现故都之秋的特点？

研读探究

三、文章多处运用对比的写法，将北国之秋与南国之秋作对比，将不同人对秋

---

① 〔秋士〕古时指到了暮年仍不得志的知识分子。《淮南子·缪称训》中有“春女思，秋士悲”的句子。

② 〔欧阳子的秋声〕指宋代文学家欧阳修的《秋声赋》。

③ 〔廿(niàn)四桥的明月〕廿四桥，也叫“二十四桥”，在江苏省扬州市。唐代杜牧诗《寄扬州韩绰判官》中有“二十四桥明月夜”的句子。

④ 〔普陀山〕浙江省舟山群岛中的一座小岛，相传是观音菩萨说法的道场。

⑤ 〔荔枝湾〕指广州城西的荔枝洲。每到荔枝成熟时，岸边一片火红，景象十分热烈。

天的不同体会作对比。试找出几处，说说这种对比对描绘故都之秋和表达作者思想感情所起的作用。

四、作者在描写故都的景物时，充分调动听觉、视觉、触觉等不同的感觉，所描写的景物有动有静，有声有色。请以下列两段文字为例进行分析。

1. 早晨起来，泡一碗浓茶，向院子一坐，你也能看得到很高很高的碧绿的天色，听得到青天下驯鸽的飞声。从槐树叶底，朝东细数着一丝一丝漏下来的日光，或在破壁腰中，静对着像喇叭似的牵牛花（朝荣）的蓝朵，自然而然地也能感觉到十分的秋意。

2. 北国的槐树，也是一种能使人联想起秋来的点缀。像花而又不是花的那一种落蕊，早晨起来，会铺得满地。脚踏上去，声音也没有，气味也没有，只能感出一点点极微细极柔软的触觉。

积累拓展

五、作者描写故都的秋，不仅抓住了景物的特点，而且融入了浓浓的主观感情色彩。你家乡的秋天有哪些特点？请选取一些富有特色的景物，表现家乡秋天的意境。要在写景之中融入你的感受。200字左右。

荷塘月色①

朱自清

学习提示

这是一篇写景抒情的散文。作者写了月夜漫步荷塘的经过，着重描写了月光下的荷花与荷叶，突出景物清曲、素雅、朦胧的特色，创造了一种苍茫空灵的美好境界。

在精心描写景物的同时，作者还流露了在特定时代背景下的孤独苦闷的心境。文章写于1927年7月，作者在清华大学教书，文中描写的荷塘就在清华园。作者在致S君的一封信中自述："这几天似乎有些异样。像一叶舟在无边的大海上，像一个猎人在无尽的森林里……"，这封信与本文的写作时间相近。据此，可以推测文章的写作缘由，也就不难理解作者何以"心里颇不宁静"，何以在"独处"时觉得"到了另一世界里"。学习时，要找出作者表露思想感情的语句，体会作者试图摆脱现实，求得精神超脱与解放的心理。

作家郁达夫说，朱自清的散文"贮满着那一种诗意"。文章写景精雕细琢，比喻生动别致，节奏从容舒缓，意境宁静幽雅。学习时，要细细品味。

课　文

这几天心里颇不宁静。今晚在院子里坐着乘凉，忽然想起日日走过的荷塘，在这满月②的光里，总该另有一番样子吧。月亮渐渐地升高了，墙外马路上孩子们的

---

① 选自《朱自清散文集》上集（江苏教育出版社1996年版）。略有删改。朱自清（1898—1948），原名自华，字佩弦，祖籍浙江绍兴，生于江苏东海，后随父定居扬州。现代散文家、诗人、学者。著有《朱自清全集》。

② 〔满月〕圆月。

欢笑，已经听不见了；妻在屋里拍着闰儿[①]，迷迷糊糊地哼着眠歌。我悄悄地披了大衫，带上门出去。

沿着荷塘，是一条曲折的小煤屑路。这是一条幽僻的路；白天也少人走，夜晚更加寂寞。荷塘四面，长着许多树，蓊蓊郁郁[②]的。路的一旁，是些杨柳，和一些不知道名字的树。没有月光的晚上，这路上阴森森的，有些怕人。今晚却很好，虽然月光也还是淡淡的。

路上只我一个人，背着手踱[③]着。这一片天地好像是我的；我也像超出了平常的自己，到了另一个世界里。我爱热闹，也爱冷静；爱群居，也爱独处。像今晚上，一个人在这苍茫的月下，什么都可以想，什么都可以不想，便觉是个自由的人。白天里一定要做的事，一定要说的话，现在都可不理。这是独处的妙处，我且受用这无边的荷香月色好了。

曲曲折折的荷塘上面，弥望[④]的是田田[⑤]的叶子。叶子出水很高，像亭亭的舞女的裙。层层的叶子中间，零星地点缀着些白花，有袅娜[⑥]地开着的，有羞涩地打着朵儿的；正如一粒粒的明珠，又如碧天里的星星，又如刚出浴的美人。微风过处，送来缕缕清香，仿佛远处高楼上渺茫的歌声似的。这时候叶子与花也有一丝的颤动，像闪电般，霎时传过荷塘的那边去了。叶子本是肩并肩密密地挨着，这便宛然[⑦]有了一道凝碧的波痕。叶子底下是脉脉[⑧]的流水，遮住了，不能见一些颜色；而叶子却更见风致[⑨]了。

月光如流水一般，静静地泻在这一片叶子和花上。薄薄的青雾浮起在荷塘里。叶子和花仿佛在牛乳中洗过一样；又像笼着轻纱的梦。虽然是满月，天上却有一层淡淡的云，所以不能朗照；但我以为这恰是到了好处——酣眠固不可少，小睡也别有风味的。月光是隔了树照过来的，高处丛生的灌木，落下参差的斑驳的黑影，峭

---

① 〔闰儿〕作者的次子朱闰生。

② 〔蓊（wěng）蓊郁郁〕树木茂盛的样子。

③ 〔踱（duó）〕慢慢地走。

④ 〔弥望〕满眼。弥，满。

⑤ 〔田田〕形容荷叶相连的样子。古乐府《江南曲》中有“莲叶何田田”之句。

⑥ 〔袅娜（niǎo nuó）〕柔美的样子。

⑦ 〔宛然〕仿佛。

⑧ 〔脉（mò）脉〕这里形容水没有声音，好像饱含深情的样子。

⑨ 〔风致〕美的姿态。

楞楞如鬼一般；弯弯的杨柳的稀疏的倩影，却又像是画在荷叶上。塘中的月色并不均匀；但光与影有着和谐的旋律，如梵婀玲①上奏着的名曲。

荷塘的四面，远远近近，高高低低都是树，而杨柳最多。这些树将一片荷塘重重围住；只在小路一旁，漏着几段空隙，像是特为月光留下的。树色一例是阴阴的，乍看像一团烟雾；但杨柳的丰姿②，便在烟雾里也辨得出。树梢上隐隐约约的是一带远山，只有些大意罢了。树缝里也漏着一两点路灯光，没精打采的，是渴睡③人的眼。这时候最热闹的，要数树上的蝉声与水里的蛙声；但热闹是它们的，我什么也没有。

忽然想起采莲的事情来了。采莲是江南的旧俗，似乎很早就有，而六朝时为盛；从诗歌里可以约略知道。采莲的是少年的女子，她们是荡着小船，唱着艳歌去的。采莲人不用说很多，还有看采莲的人。那是一个热闹的季节，也是一个风流的季节。梁元帝《采莲赋》里说得好：

于是妖童媛女④，荡舟心许；鹢首⑤徐回，兼传羽杯⑥；棹⑦将移而藻挂，船欲动而萍开。尔其纤腰束素⑧，迁延顾步⑨；夏始春余，叶嫩花初；恐沾裳而浅笑，畏倾船而敛裾⑩。

可见当时嬉游的光景了。这真是有趣的事，可惜我们现在早已无福消受了。

于是又记起《西洲曲》里的句子：

采莲南塘秋，莲花过人头；低头弄莲子，莲子清如水。

今晚若有采莲人，这儿的莲花也算得“过人头”了；只不见一些流水的影子，是不行的。这令我到底惦着江南了。——这样想着，猛一抬头，不觉已是自己的门前；轻轻地推门进去，什么声息也没有，妻已睡熟好久了。

1927 年 7 月，北京清华园

---

① 〔梵婀玲〕小提琴(violin)的音译。
② 〔丰姿〕风度，仪态，一般指美好的姿态。也写作“风姿”。
③ 〔渴睡〕也写作“瞌睡”。
④ 〔妖童媛(yuàn)女〕俊俏的少年和美丽的少女。妖，艳丽。媛，美女。
⑤ 〔鹢(yì)首〕船头。古代画鹢鸟于船头。
⑥ 〔羽杯〕古代饮酒用的耳杯。又称羽觞、耳杯。
⑦ 〔棹(zhào)〕船桨。
⑧ 〔纤腰束素〕腰如束素，齿如含贝(宋玉《登徒子好色赋》)，形容女子腰肢细柔。
⑨ 〔迁延顾步〕形容走走退退不住回视自己动作的样子，有顾影自怜之意。
⑩ 〔敛裾(jū)〕这里是提着衣襟的意思。裾，衣襟。

思考与练习

预习作业

一、抄写下列词语，并给加点的字注音。

幽僻　　蓊蓊郁郁　　煤屑　　弥望　　袅娜　　渺茫

脉脉　　倩影　　媛女　　鹢首　　敛裾　　嬉游

二、朗读课文，找出文中描写心理感受的语句，联系景物描写，说说作者的情绪发生了怎样的变化。

研读探究

三、第 4 段依次描写了哪些景物？它们分别有着怎样的特点？

四、第 5 段是怎样描写月色的？写出了月色的哪些特点？

五、说说下列语句用了什么修辞手法，并简析其表达效果。

1. 叶子出水很高，像亭亭的舞女的裙。

2. 层层的叶子中间，零星地点缀着些白花，有袅娜地开着的，有羞涩地打着朵儿的。

3. 微风过处，送来缕缕清香，仿佛远处高楼上渺茫的歌声似的。

4. 树梢上隐隐约约的是一带远山，只有些大意罢了。

六、比较下列语句中加点的词语与括号里的词语，体会课文用词的妙处。

1. 月光如流水一般，静静地泻(照)在这一片叶子和花上。

2. 薄薄的青雾浮(升)起在荷塘里。

3. 弯弯的杨柳的稀疏的倩影，却又像是画(印)在荷叶上。

4. 只在小路一旁，漏(有)着几段空隙，像是特为月光留下的。

积累拓展

七、背诵第 4 和第 5 自然段。

我与地坛(节选)

史铁生

学习提示

史铁生说:“假如世界上没有了苦难,世界还能够存在吗?要是没有愚钝,机智还有什么光荣呢?要是没了丑陋,漂亮又怎么维系自己的幸运?要是没有了残疾,健全会否因其司空见惯而变得腻烦和乏味呢?我常梦想着在人间彻底消灭残疾,但可以相信,那时将由患病者代替残疾人去承担同样的苦难。如果能够把疾病也全数消灭,那么这份苦难又将由(比如说)相貌丑陋的人去承担了。就算我们连愚钝、连丑陋和一切我们所不喜欢的事物和行为,也都可以统统消灭掉,所有的人都一样健康、漂亮、聪慧、高尚,结果会怎样呢?怕是人间的剧目就全要收场了,一个失去差别的世界将是一潭死水,是一块没有感觉没有肥力的沙漠。看来差别永远是要有的。看来就只好接受苦难——人类的全部剧目需要它,存在的本身需要它。”

当我们直面苦难时,才发现苦难原来有如此深刻的含义。这就是史铁生在这篇散文中想告诉我们的。

课　文

我在好几篇小说中都提到过一座废弃的古园,实际就是地坛①。许多年前旅游业还没有兴起,园子荒芜冷落得如同一片野地,很少被人记起。

地坛离我家很近。或者说我家离地坛很近。总之,只好认为这是缘分。地坛

① 〔地坛〕始建于明代,为北京五坛中的第二大坛,与天坛遥相呼应。

在我出生前四百多年就坐落在那儿了，而自从我的祖母年轻时带着我父亲来到北京，就一直住在离它不远的地方——五十多年间搬过几次家，可搬来搬去总是在它周围，而且是越搬离它越近了。我常觉得这中间有着宿命的味道：仿佛这古园就是为了等我，而历尽沧桑在那儿等待了四百多年。

它等待我出生，然后又等待我活到最狂妄的年龄上忽地残废了双腿。四百多年里，它剥蚀了古殿檐头浮夸的琉璃①，淡褪了门壁上炫耀的朱红，坍圮②了一段段高墙又散落了玉砌雕栏，祭坛四周的老柏树愈见苍幽，到处的野草荒藤也都茂盛得自在坦荡。这时候想必我是该来了。十五年前的一个下午，我摇着轮椅进入园中，它为一个失魂落魄的人把一切都准备好了。那时，太阳循着亘古不变③的路途正越来越大，也越红。在满园弥漫的沉静光芒中，一个人更容易看到时间，并看见自己的身影。

自从那个下午我无意中进了这园子，就再没长久地离开过它。我一下子就理解了它的意图。

两条腿残废后的最初几年，我找不到工作，找不到去路，忽然间几乎什么都找不到了，我就摇了轮椅总是到它那儿去，仅为着那儿是可以逃避一个世界的另一个世界。我在一篇小说中写道："没处可去我便一天到晚耗在这园子里。跟上班下班一样，别人去上班我就摇了轮椅到这儿来。园子无人看管，上下班时间有些抄近路的人从园中穿过，园子里活跃一阵，过后便沉寂下来。""园墙在金晃晃的空气中斜切下一溜荫凉，我把轮椅开进去，把椅背放倒，坐着或是躺着，看书或者想事，撅④一杈⑤树枝左右拍打，驱赶那些和我一样不明白为什么要来这世上的小昆虫。""蜂儿如一朵小雾稳稳地停在半空；蚂蚁摇头晃脑捋⑥着触须，猛然间想透了什么，转身疾行而去；瓢虫爬得不耐烦了，累了祈祷一回便支开翅膀，忽悠一下升空了；树干上留着一只蝉蜕，寂寞如一间空屋；露水在草叶上滚动，聚集，压弯了草叶轰然坠地摔开万道金光。"

---

① 〔琉璃〕用某些矿物原料烧成的半透明釉料。

② 〔坍圮（tān pǐ）〕倒塌。

③ 〔亘（gèn）古不变〕永远也不会改变。亘，延续不断。

④ 〔撅（juē）〕折。

⑤ 〔杈（chà）〕植物的分枝。

⑥ 〔捋（lǚ）〕用手指顺着抹过去，使物体顺溜或干净。

“满园子都是草木竞相生长弄出的响动，窸窸窣窣[①]片刻不息。”这都是真实的记录，园子荒芜但并不衰败。

除去几座殿堂我无法进去，除去那座祭坛我不能上去而只能从各个角度张望它，地坛的每一棵树下我都去过，差不多它的每一平方米草地上都有过我的车轮印。无论是什么季节，什么天气，什么时间，我都在这园子里呆过。有时候呆一会儿就回家，有时候就呆到满地都亮起月光。记不清都是在它的哪些角落里了。我一连几小时专心致志地想关于死的事，也以同样的耐心和方式想过我为什么要出生。这样想了好几年，最后终于弄明白了：一个人，出生了，这就不再是一个可以辩论的问题，而只是呈现给他的一个事实；在呈现给我们这件事实的时候，已经顺便保证了结果，所以死是一件不必急于求成[②]的事，死是一个必然会降临的节日。这样想过之后我安心多了，眼前的一切不再那么可怕。比如你起早熬夜准备考试的时候，忽然想起有一个长长的假期在前面等待你，你会不会觉得轻松一点？并且庆幸并且感激这样的安排？

剩下的就是怎样活的问题了，这却不是在某一个瞬间就能完全想透的、不是一次性能够解决的事，怕是活多久就要想它多久了，就像是伴你终生的魔鬼或恋人。所以，十五年了，我还是总得到那古园里去，去它的老树下或荒草边或颓墙旁，去默坐，去呆想，去推开耳边的嘈杂理一理纷乱的思绪，去窥看自己的心魂。十五年中，这古园的形体被不能理解它的人肆意雕琢[③]，幸好有些东西是任谁也不能改变它的。譬如祭坛石门中的落日，寂静的光辉平铺的一刻，地上的每一个坎坷都被映照得灿烂；譬如在园中最为落寞的时间，一群雨燕便出来高歌，把天地都叫喊得苍凉；譬如冬天雪地上孩子的脚印，总让人猜想他们是谁，曾在哪儿做过些什么，然后又都到哪儿去了；譬如那些苍黑的古柏，你忧郁的时候它们镇静地站在那儿，你欣喜的时候它们依然镇静地站在那儿，它们没日没夜地站在那儿，从你没有出生一直站到这个世界上又没了你的时候；譬如暴雨骤临园中，激起一阵阵炽烈而清纯的草木和泥土的气味，让人想起无数个夏天的事件；譬如秋风忽至，再有一场早霜，落叶或飘摇歌舞或坦然安卧，满园中播散着熨帖[④]而微苦的味道。味道是最说不清楚的。

---

① 〔窸窸窣窣〕象声词，形容轻微细碎之声。

② 〔急于求成〕急着要取得成功。急，急切。

③ 〔肆意雕琢〕由着自己的性子雕刻。肆意，不顾一切由着自己的性子（去做）。雕琢，雕刻。

④ 〔熨帖（yù tiē）〕舒服，舒适。

味道不能写只能闻，要你身临其境[1]去闻才能明了。味道甚至是难以记忆的，只有你又闻到它，你才能记起它的全部情感和意蕴。所以我常常要到那园子里去。

……

如果以一天中的时间来对应四季，当然春天是早晨，夏天是中午，秋天是黄昏，冬天是夜晚。如果以乐器来对应四季，我想春天应该是小号，夏天是定音鼓，秋天是大提琴，冬天是圆号和长笛。要是以这园子里的声响来对应四季呢？那么，春天是祭坛上空漂浮着的鸽子的哨音，夏天是冗长的蝉歌和杨树叶子哗啦啦地对蝉歌的取笑，秋天是古殿檐头的风铃响，冬天是啄木鸟随意而空旷的啄木声。以园中的景物对应四季，春天是一径时而苍白时而黑润的小路，是时而明朗时而阴晦的天上摇荡着的串串杨花；夏天是一条条耀眼而灼人的石凳，或阴凉而爬满了青苔的石阶；秋天是一座青铜的大钟——在园子的西北角上曾丢弃着一座很大的铜钟，铜钟与这园子一般年纪，浑身挂满绿锈，文字已不清晰；冬天，是林中空地上几只羽毛蓬松的老麻雀。以心绪对应四季呢？春天是卧病的季节，否则人们不易发觉春天的残忍与渴望；夏天，情人们应该在这个季节里失恋，不然就似乎对不起爱情；秋天是从外面买一棵盆花回家的时候，把花搁在阔别了的家中，并且打开窗户把阳光也放进屋里，慢慢回忆慢慢整理一些发过霉的东西；冬天伴着火炉和书和一个个坚定不死的决心，写一些并不发出的信。还可以用艺术形式对应四季，这样春天就是一幅画，夏天是一部长篇小说，秋天是一首短歌或诗，冬天是一群雕塑。以梦呢？以梦对应四季，春天是树尖上的呼喊，夏天是呼喊中的细雨，秋天是细雨中的土地，冬天是干净的土地上的一只孤零零的烟斗。

因为这园子，我常感恩于自己的命运。

我甚至现在就能清楚地看见，一旦有一天我不得不长久地离开它，我会怎样想念它，我会怎样想念并且梦见它，我会怎样因为不敢想念它而梦也梦不到它。

思考与练习

预习作业

一、抄写下列词语，并给加点的字注音。

琉璃　坍圮　亘古不变　撅　窸窸窣窣　肆意雕琢　熨帖　身临其境

① 〔身临其境〕亲自到了那个境地。临，到。境，境界，地方。

二、十五年前,作者去地坛的主要原因是什么?后来为什么又常常要去?

三、在课文中画出有关景物描写的语句,并想想这些景物及其变化和作者的思想及其变化有怎样的关系。

研读探究

四、说说你对“因为这园子,我常感恩于自己的命运”这句话的理解。

五、大音乐家贝多芬在创作盛年失去了听力。他说:“我要扼住命运的咽喉。”面对生命的苦难,史铁生在《我与地坛》中却没有表现出贝多芬那般的雄壮激越。对此,你如何看待?

积累拓展

六、摘出课文中你所喜欢的一些句子,并简要说明理由。

卖白菜[①]

莫　言

学习提示

这个故事的情节很简单：因生计所迫，母亲要卖掉家里最后三棵白菜。12岁的“我”舍不得，母亲曾答应留下来过年包饺子的，但因为贫困，没办法，还是得卖掉。“我”陪母亲上集市去卖，一个老太太买走了，“我”算账时多算了一毛钱。事情败露后，坚强的母亲第一次流下了眼泪……

在贫穷的日子里，吃一顿白菜饺子是怎样的一种奢望？作者巧妙地通过对那段辛酸往事的回忆，成功刻画了一位普通母亲的形象。学习时，要抓住文中的细节描写，感受母亲坚强、慈爱、自尊、诚信的形象。

本文的文字有鲜明的个性，这便是一个12岁少年单纯而又任性、倔强的说话语气。阅读时，要置身于那个年代生活的背景，体味作为少年的“我”的心理情感。

课　文

1967年冬天，我12岁那年，临近春节的一个早晨，母亲苦着脸，心事重重地在屋子里走来走去，时而揭开炕席的一角，掀动几下铺炕的麦草，时而拉开那张老桌子的抽屉，扒拉几下破布头烂线团。母亲叹息着，并不时把目光抬高，瞥一眼那三棵吊在墙上的白菜。最后，母亲的目光锁定在白菜上，端详着，终于下了决心似的，叫着我的乳名，说：

---

① 选自《会唱歌的墙》（作家出版社2012年版）。莫言，原名管谟业，1955年生，山东高密人，当代作家，2012年获得诺贝尔文学奖，主要作品有中篇小说《红高粱》、长篇小说《檀香刑》《生死疲劳》等。

“社斗，去找个篓子来吧……”

“娘，”我悲伤地问：“您要把它们……”

“今天是大集。”母亲沉重地说。

“可是，您答应过的，这是我们留着过年的……”话没说完，我的眼泪就涌了出来。

母亲的眼睛湿漉漉的，但她没有哭，有些恼怒地说：

“这么大的汉子了，动不动就抹眼泪，像什么样子?!”

“我们种了一百零四棵白菜，卖了一百零一棵，只剩下这三棵了……说好了留着过年的，说好了留着过年包饺子的……”我哽咽着说。

母亲靠近我，掀起衣襟，擦去了我脸上的泪水。我把脸伏在母亲的胸前，委屈地抽噎着。我感到母亲用粗糙的大手抚摸着我的头，我嗅到了她衣襟上那股揉烂了的白菜叶子的气味。从夏到秋、从秋到冬，在一年的三个季节里，我和母亲把这一百零四棵白菜从娇嫩的芽苗，侍弄成饱满的大白菜，我们撒种、间苗、除草、捉虫、施肥、浇水、收获、晾晒……每一片叶子上都留下了我们的手印……但母亲却把它们一棵棵地卖掉了……我不由得大哭起来，一边哭着，还一边表示着对母亲的不满。母亲猛地把我从她胸前推开，声音昂扬起来，眼睛里闪烁着恼怒的光芒，说：“我还没死呢，哭什么?”然后她掀起衣襟，擦擦自己的眼睛，大声地说：“还不快去!”

看到母亲动了怒，我心中的委屈顿时消失，急忙跑到院子里，将那个结满了霜花的蜡条篓子拿进来，赌气地扔在母亲面前。母亲提高了嗓门，声音凛冽地说：“你这是扔谁?!”

我感到一阵更大的委屈涌上心头，但我咬紧了嘴唇，没让哭声冲出喉咙。

透过朦胧的泪眼，我看到母亲把那棵最大的白菜从墙上钉着的木橛子[①]上摘了下来。母亲又把那棵第二大的摘下来。最后，那棵最小的、形状圆圆像个和尚头的也脱离了木橛子，挤进了篓子里。我熟悉这棵白菜，就像熟悉自己的一根手指。因为它生长在最靠近路边那一行的拐角的位置上，小时被牛犊或是被孩子踩了一脚，所以它一直长得不旺，当别的白菜长到脸盆大时，它才有碗口大。发现了它的小和可怜，我们在浇水施肥时就对它格外照顾。我曾经背着母亲将一大把化肥撒在它

① 〔木橛(jué)子〕一头削尖的较硬的木棒，把它钉在墙上挂东西或钉在地上拴东西用。

的周围，但第二天它就打了蔫[1]。母亲知道了真相后，赶紧将它周围的土换了，才使它死里逃生。后来，它尽管还是小，但卷得十分饱满，收获时母亲拍打着它感慨地对我说：“你看看它，你看看它……”在那一瞬间，母亲的脸上洋溢着珍贵的欣喜表情，仿佛拍打着一个历经磨难终于长大成人的孩子。

集市在邻村，距离我们家有三里远。母亲让我帮她把白菜送去。我心中不快，嘟哝着说：“我还要去上学呢。”母亲抬头看看太阳，说：“晚不了。”我还想啰嗦，看到母亲脸色不好，便闭了嘴，不情愿地背起那只盛了三棵白菜，上边盖了一张破羊皮的篓子，沿着河堤南边那条小路，向着集市踽踽[2]而行。寒风凛冽，有太阳，很弱，仿佛随时都要熄灭的样子。不时有赶集的人从我们身边超过去。我的手很快就冻麻了，以至于当篓子跌落在地时我竟然不知道。篓子落地时发出了清脆的响声，篓底有几根蜡条跌断了，那棵最小的白菜从篓子里跳出来，滚到路边结着白冰的水沟里。母亲在我头上打了一巴掌，骂道：“穷种啊！”然后她就颠着小脚，乍[3]着两只胳膊，小心翼翼但又十分匆忙地下到沟底，将那棵白菜抱了上来。我看到那棵白菜的根折断了，但还没有断利索，有几绺筋皮联络着。我知道闯了大祸，站在篓边，哭着说：“我不是故意的，我真的不是故意的……”母亲将那棵白菜放进篓子，原本是十分生气的样子，但也许是看到我哭得真诚，也许是看到了我黑黢黢[4]的手背上那些已经溃烂的冻疮，母亲的脸色缓和了，没有再打我也没有再骂我，只是用一种让我感到温暖的腔调说：“不中用，把饭吃到哪里去了？”然后母亲就蹲下身，将背篓的木棍搭上肩头，我在后边帮扶着，让她站直了身体。但母亲的身体是永远也不能再站直了，过度的劳动和艰难的生活早早地就压弯了她的腰。我跟随在母亲身后，听着她的喘息声，一步步向前挪。在临近集市时，我想帮母亲背一会儿，但母亲说：“算了吧，就要到了。”

终于挨到了集上。我们穿越了草鞋市。草鞋市两边站着几十个卖草鞋的人，每个人面前都摆着一堆草鞋。他们都用冷漠的目光看着我们。我们穿越了年货市，两边地上摆着写好的对联，还有五颜六色的过门钱。在年货市的边角上有两个

---

① 〔蔫(niān)〕植物失去水分而萎缩。

② 〔踽踽(jǔjǔ)〕单身独行、孤独无依的样子。

③ 〔乍〕张开。

④ 〔黑黢黢(qūqū)〕形容很黑。

卖鞭炮的，各自在吹嘘着自己的货，在看热闹人们的撺掇[①]下，悬起来，你一串我一串地赛着放，乒乒乓乓的爆炸声此起彼伏，空气里弥漫着硝烟气味。这气味让我们感到，年已经近在眼前了。我们穿越了粮食市，到达了菜市。市上只有十几个卖菜的，有几个卖青萝卜的，有几个卖红萝卜的，还有一个卖菠菜的，一个卖芹菜的，因为经常跟着母亲来卖白菜，这些人多半都认识。母亲将篓子放在那个卖青萝卜的高个子老头菜篓子旁边，直起腰与老头打招呼。听母亲说老头子是我的姥娘[②]家那村里的人，同族同姓，母亲让我称呼他为七姥爷。七姥爷脸色赤红，头上戴一顶破旧的单帽，耳朵上挂着两个兔皮缝成的护耳，支棱着两圈白毛，看上去很是有趣。他将两只手交叉着插在袖筒里，看样子有点高傲。母亲让我走，去上学，我也想走，但我看到一个老太太朝着我们的白菜走了过来。风迎着她吹，使她的身体摇摆着，仿佛那风略微大一些就会把她刮起来，让她像一片枯叶，飘到天上去。她也是像母亲一样的小脚，甚至比母亲的脚还要小。她用肥大的棉袄袖子捂着嘴巴，为了遮挡寒冷的风。她走到我们的篓子前，看起来是想站住，但风使她动摇不定。她将袄袖子从嘴巴上移开，显出了那张瘪瘪的嘴巴。我认识这个老太太，知道她是个孤寡老人，经常能在集市上看到她。她用细而沙哑的嗓音问白菜的价钱。母亲回答了她。她摇摇头，看样子是嫌贵。但是她没有走，而是蹲下，揭开那张破羊皮，翻动着我们的三棵白菜。她把那棵最小的白菜上那半截欲断未断的根拽了下来。然后她又逐棵地戳着我们的白菜，用弯曲的、枯柴一样的手指，她撇着嘴，说我们的白菜卷得不紧，母亲用忧伤的声音说："大婶子啊，这样的白菜您还嫌卷得不紧，那您就到市上去看看吧，看看哪里还能找到卷得更紧的吧。"

我对这个老太太充满了恶感，你拽断了我们的白菜根也就罢了，可你不该昧着良心说我们的白菜卷得不紧。我忍不住冒出了一句话："再紧就成了石头蛋子了！"老太太抬起头，惊讶地看着我，问母亲："这是谁？是你的儿子吗？""是老小，"母亲回答了老太太的问话，转回头批评我："小小孩儿，说话没大没小的！"

老太太将她胳膊上挎着的柳条篼篼[③]放在地上，腾出手，撕扯着那棵最小的白菜上那层已经干枯的菜帮子。我十分恼火，便刺她："别撕了，你撕了让我们怎么

① 〔撺掇(cuān duo)〕这里是鼓动的意思。

② 〔姥娘〕鲁西南方言，指外婆。

③ 〔篼篼(yuān dōu)〕用竹篾、柳条等编成的装东西的器具。

卖?!”

“你这个小孩子，说话怎么就像吃了枪药一样呢?”老太太嘟哝着，但撕扯菜帮子的手却并不停止。

“大婶子，别撕了，放到这时候的白菜，老帮子脱了五六层，成了核了。”母亲劝说着她。

她终于还是将那层干菜帮子全部撕光，露出了鲜嫩的、洁白的菜帮。在清冽的寒风中，我们的白菜散发出甜丝丝的气味。这样的白菜，包成饺子，味道该有多么鲜美啊！老太太搬着白菜站起来，让母亲给她过秤。母亲用秤钩子挂住白菜根，将白菜提起来。老太太把她的脸几乎贴到秤杆上，仔细地打量着上面的秤星①。我看着那棵被剥成了核的白菜，眼前出现了它在生长的各个阶段的模样，心中感到阵阵忧伤。

终于核准了重量，老太太说：“俺可是不会算账。”

母亲因为偏头痛，算了一会儿也没算清，对我说：“社斗，你算。”

我找了一根草棒，用我刚刚学过的乘法，在地上划算着。

我报出了一个数字，母亲重复了我报出的数字。

“没算错吧?”老太太用不信任的目光盯着我说。

“你自己算就是了。”我说。

“这孩子，说话真是暴躁。”老太太低声嘟哝着，从腰里摸出一个肮脏的手绢，层层地揭开，露出一沓纸票，然后将手指伸进嘴里，沾了唾沫，一张张地数着。

她终于将数好的钱交到母亲的手里。母亲也一张张地点数着。我看到七姥爷的尖锐的目光在我的脸上戳了一下，然后就移开了。一块破旧的报纸在我们面前停留了一下，然后打着滚走了。

等我放了学回家后，一进屋就看到母亲正坐在灶前发呆。那个蜡条篓子摆在她的身边，三棵白菜都在篓子里，那棵最小的因为被老太太剥去了干帮子，已经受了严重的冻伤。我的心猛地往下一沉，知道最坏的事情已经发生了。母亲抬起头，眼睛红红地看着我，过了许久，用一种让我终生难忘的声音说：“孩子，你怎么能这样呢？你怎么能多算人家一毛钱呢?”

“娘，”我哭着说：“我……”

---

① 〔秤星〕镶在秤杆上的金属小圆点，是计量的标志。

“你今天让娘丢了脸……”母亲说着，两行眼泪就挂在了腮上。

这是我看到坚强的母亲第一次流泪，至今想起，心中依然沉痛。

思考与练习

预习作业

一、抄写下列词语，并给加点的字注音。

瞥一眼　凛冽　木橛子　打了蔫　踽踽　湿漉漉　哽咽

衣襟　抽噎　几绺　黑黢黢　撺掇　溃烂　戳着

二、“我”放学回家后，见到三棵没有卖出去的白菜，“我的心猛地往下一沉，知道最坏的事情已经发生了”，这“最坏的事情”指的是什么事情？

研读探究

三、细节描写具有揭示人物的心理和思想情感，推动故事情节发展的作用。联系上下文，说说下列语句中加点词语所做细节描写的具体作用。

1. 母亲苦着脸，心事重重地在屋子里走来走去，时而揭开炕席的一角，掀动几下铺炕的麦草，时而拉开那张老桌子的抽屉，扒拉几下破布头烂线团。母亲叹息着，并不时把目光抬高，瞥一眼那三棵吊在墙上的白菜。

2. 母亲的眼睛湿漉漉的，但她没有哭，有些恼怒地说：“这么大的汉子了，动不动就抹眼泪，像什么样子？！”

3. 母亲在我头上打了一巴掌……但也许是看到我哭得真诚，也许是看到了我黑黢黢的手背上那些已经溃烂的冻疮，母亲的脸色缓和了，没有再打我也没有再骂我，只是用一种让我感到温暖的腔调说：“不中用，把饭吃到哪里去了？”

4. 老太太将她胳膊上挎着的柳条篼篼放在地上，腾出手，撕扯着那棵最小的白菜上那层已经干枯的菜帮子。

5. 母亲抬起头，眼睛红红地看着我，过了许久，用一种让我终生难忘的声音说：“孩子，你怎么能这样呢？你怎么能多算人家一毛钱呢？”

四、事情的结局让“我”深感羞愧，母亲的教诲让“我”终生难忘，“至今想起心中依然沉痛”。母亲的教诲折射出她怎样可贵的品质？我“依然沉痛”的原因何在？

积累拓展

五、“我”上学后发生的事存在多种可能性，课文没有交代，但结果都是由于多算一毛钱，白菜没能卖出去。请你任选一种情形，发挥想象，描写当时的情景。要求：人物的语言、动作、神态要符合人物的性格特点，情节的展开要有真实性，篇幅在 300 字左右。

知识拓展

现代汉语语法——句子

一、什么是句子

①妙！

②谁？

③刮风了。

④他身体很壮。

⑤只有努力学习的同学，才能取得好成绩。

句子的定义：

句子是具有一个句调（形式上带句号、问号、叹号），能够表达一个相对完整的意思的语言单位。

二、句子的分类

按不同的标准，句子可以分为多种类型，其中按结构可分为单句和复句两大类。

类型一　单句

单句是由短语或单个的词构成的句子，上面的举例①～④都是单句。

1. 句子成分

成分	定义	举例说明
主语	主语是谓语陈述的对象。一般由名词或名词性短语充当	一切反动派都是纸老虎。 在这个句子里,“一切反动派”是被陈述的对象,是主语
谓语	谓语是陈述主语的内容。说明主语怎么样或者是什么。一般由动词、形容词或动词性、形容词性短语充当	母亲这样地整日劳碌着。 在这个句子里,“这样地整日劳碌着”是陈述主语的内容,是谓语
宾语	宾语是动词所支配、影响或所涉及的对象,能回答“谁”或“什么”等问题。一般也由名词或名词性短语充当	我赞美白杨树。 “白杨树”是动词“赞美”所涉及的对象,回答“赞美什么”的问题,是宾语
定语	定语是在名词前起修饰(描写)限制作用的成分。通常位于主语前或宾语前。一般用“的”作标志	(美丽)的花朵 (那个)地方 “美丽”修饰名词“花朵”,是定语;“那个”限制名词“地方”,也是定语
状语	状语是在动词或形容词前,修饰、限制动词、形容词或修饰、限制动词短语、形容词短语的成分。一般位于主语后、谓语前,用“地”作标志	海水,[轻轻]地抚摸着细软的沙滩…… 这个任务[必须]完成。 你的水平[实在]一般。 “轻轻”修饰后面的动词短语,是状语。 “必须”限制后面的动词,是状语。 “实在”修饰后面的形容词,是状语
补语	补语是在动词、形容词之后,补充说明动词、形容词的成分。一般位于谓语后、宾语前,用“得”作标志	一个个都笑〈弯了腰〉。 字写得〈好〉。 “弯了腰”补充说明“笑”的结果,是补语。 “好”补充说明“写”的程度,是补语
中心语	与定语、状语、补语相对应的成分。	我爱伟大祖国。(与定语相对应) 我一定去。(与状语相对应) 他好得很。(与补语相对应)

2. 句子成分划分

在一个完整、典型的句子中,句子各种成分之间的关系、顺序一般是:

例句:(全体) 同学 ‖ [都] 做 〈完〉了 (语文) 作业。

(定语)(主语)(状语)(谓语)(补语) (定语) (宾语)

符号图示法

符号图示法的主要符号	分析举例
主语符号：═══ 谓语符号：—— 宾语符号：～～～ 定语符号：（ ） 状语符号：[ ] 补语符号：〈 〉	（这些）工人[立刻]修〈好〉了（一座）桥。 （乌鸦）的翅膀[绝]遮〈不住〉（太阳）的光辉。 （这）土地[真]肥沃。 我 请 吃饭。 他 上 街 买 菜

3.句子的主干

定义	举例及解说
主干，是指把句子的所有定语、状语和补语都压缩掉以后剩下的部分	如：北京的工人们立刻修好了一座桥。 句子分析：（北京）的工人们，‖[立刻]修〈好〉了（一座）桥。 主语：北京的工人们；谓语：立刻修好了一座桥；动词“修”的宾语：一座桥。 那么如上分析，把句子主语、谓语中包含的定语、状语、补语压缩下去，因宾语是短语，压缩掉其定语，那么句子的主干就显露出来了。这个句子的主干：工人们修桥。 关于主干，换一个角度说，就是句子主语、谓语以及宾语的中心语。 再看几个例子： （我）的弟弟‖[已经]准备〈好〉（一切）用品。　　主干：弟弟准备用品。 （我）的朋友‖[最近]写〈出〉了（一部）（长篇）小说。主干：朋友写小说

抓句子的主干，可以使句子的主干和枝叶分得比较清楚，对理解比较长的复杂的句子是有帮助的。

如：马克思‖[第一次][彻底]地解释〈清楚〉（自然和社会的发展）规律。

这个句子比较长。谓语的中心语是“解释”，前面有两个状语，后面有一个补语和宾语；宾语又是由一个短语充当，其中心语是“规律”，前面又有一个名词性短语作定语。那么抓住了句子的主干“马克思解释规律”，理解这样一个较长的句子就比较容易了。

由此可以看出，抓主干、压缩枝叶，便于逐层分别检查，有利于迅速准确找到句子的语法毛病。但是，这只是一种方法，主干的意思不等于原句大意。因为没有了定语、状语及对概念的限制，实际上就扩大了概念范围。有些句子抽出主干连读，就成了病句。

例：他的表叔是我的弟弟。

抽主干：表叔是弟弟。（错）

即时应用

1. 划分并标注下列各句的句子成分。

(1)他读书。

(2)喜欢阅读的他十分认真地读完了两本书。

(3)不喜欢运动却喜欢阅读的他昨天下午非常认真地读完了两本十分有意义的历史书。

(4)我用纸糊了两扇窗户。

(5)我所遇到的毕竟还是好人多于坏人。

(6)那个人把他逼得无路可走。

(7)他被亲人送到医院把伤治好了。

(8)青藏铁路的通车把幸福和繁荣带给了住在那里的人们。

【答案】

(1)他 读 书。

(2)(喜欢阅读)的他‖[十分认真]地读〈完〉了(两本)书。

(3)(不喜欢运动却喜欢阅读)的他‖[昨天下午][非常认真]地读〈完〉了(两本)(十分有意义)的(历史)书。

(4)我‖[用纸]糊了(两扇)窗户。

(5)我所遇到的‖[毕竟][还]是好人多于坏人。

(6)(那个)人[把他]逼得〈无路可走〉。

(7)他‖[被亲人]送〈到医院〉[把伤]治〈好〉了。

(8)(青藏铁路)的通车‖[把幸福和繁荣]带给了(住在那里)的人们。

2.抽取下列句子主干

(1)地主阶级这样残酷地剥削所造成的农民极端的劳苦和落后,就是中国社会几千年在经济上和社会生活上停滞不前的原因。

(2)某些口里天天讲马克思列宁主义,但是却把马克思列宁主义当作教条来看的同志却忘掉了马克思列宁主义教导我们的理论必须结合实际的根本原则。

(3)二十一世纪的建设者们有在现在努力培养自己优秀的品德、学好各种知识并在下个世纪建设中努力做出贡献、建设自己国家的决心。

【答案】

(1)劳苦和落后是……原因。

(2)同志忘掉……原则。

(3)建设者们有……决心。

3.运用抽取句子主干的方法,检查下列句子搭配不当或成分残缺的问题。

(1)湖南省气钨矿的蕴藏量是我国最丰富的地区。

(2)我们必须扩大和加快我国教育事业发展的速度。

(3)三年当中,这个县的粮食总产量,以平均每年递增百分之二十的速度,大踏步地向前发展。

【答案】

(1)蕴藏量是地区。主语与宾语搭配不当。

(2)我们扩大和加快速度。“扩大”与“速度”搭配不当。

(3)总产量发展。主谓搭配不当。

类型二　复句

1.什么叫复句

复句是由两个或两个以上意义上有一定逻辑关系、结构上互不包含的分句所组成的句子。

分句是类似单句而没有完整句调的语言单位；所谓结构上互不包含，是说互不作句子成分。复句中的各分句之间一般有停顿，书面上用逗号或分号、冒号表示；复句句末有较大的停顿，书面上用句号或问号、叹号表示。

例如：

单句：我有一个朋友。

复句：我有一个朋友(分句)，他在沙田中学学习。

复句可以共有一个主语，如：他一放学，就回家休息了。也可以有各自的主语，如：我喜欢红色，他也喜欢红色。

复句虽说不是学习的重点，但是，在辨析句子中，所选的句子绝大部分是复句，因为如果句子的结构复杂，更容易出现语病，所以，在复句上花点功夫是大有好处的。

复句的类型：并列复句、承接复句、递进复句、选择复句、转折复句、假设复句、条件复句、因果复句。

2.常见复句类型

类型	说明	举例	常用关联词语
并列复句	几个分句分别说出几种事物，或者陈述一种事物的几个方面，或者对比说明几种事物。分句间的关系是平行的，不分先后、轻重	1.小张走了，小王又来了。 2.我们青年人不是要空谈，而是要实行	既……又…… 又……又…… 有时……有时…… 同样，另外…… 不是……而是…… 是……不是……
承接复句	几个分句一个接着一个的叙述连续发生的动作，或者接连发生的几件事。分句间有先后的顺序	他们从地上爬起来，揩干净身上的血迹，掩埋好同伴的尸体，他们又继续战斗了	首先……然后…… 刚……就…… 便，才，于是，后来，终于
选择复句	两个或几个分句，分别说出两件或几件事情，并且表示从中选择一件。分句之间的关系具有排他性，只要求选择一项	1.或者跪着生，或者站着死。 2.不是跪着生，就是站着死。 3.与其跪着生，不如站着死	或者……或者…… 是……还是…… 不是……就是…… 与其……不如…… 宁可……也不……

续表

类型	说明	举例	常用关联词语
转折复句	前面分句说了一个意思，后面分句不是顺着前一分句的意思说下去，而是作了一个转折，说出同前一分句相反、相对或部分相反的意思	1. 虽然我一见便知道是闰土，但又不是我记忆上的闰土了。 2. 我一再邀请，然而他执意不去	虽然……但是…… 可是……只是…… 然而……却
假设复句	前面的分句假设一种情况，后面分句说出假设的情况实现后所“产生”的结果	1. 如果不浇水，种子就不会发芽。 2. 即使不浇水，种子也会发芽	如果……就…… 即使……也…… 哪怕……也…… 万一……就……
条件复句	前面分句提出一个条件，后面分句说出在这个条件下所要产生的结果，前后分句间有条件与结果的推论关系	1. 只有充分地发扬先进的东西去克服落后的东西，才能使社会前进。 2. 只要你经常坚持锻炼，身体就会强壮起来。 3. 无论山多高，他都上得去	只有……才…… 只要……就…… 无论……都……
因果复句	前面分句说明原因，后面分句推断出结果。前后分句的关系是因与果的关系	1. 因为准备工作没做好，所以会议没能按时召开。 2. 问题既然搞清楚了，就不需要再去人了	因为……所以…… 既然……就…… 因此，因而，以致

即时应用

1. 指出下列复句的关系类型。

(1)老哥哥为人非常和善，孩子们都喜欢他。

(2)天气暖和起来了，蜘蛛又出来在檐前做网。

(3)外面太阳很好，也没有风。

(4)只要你能上班，就应当上班。

(5)宝石哪怕混在垃圾堆里，也仍然晶莹夺目。

(6)他是应该来的，只是没有时间。

(7)你这样做太慢了，还不如他那样做来得快。

(8)你这样做不但不能解决问题，反而使局面更糟糕。

【答案】

(1)因果

(2)顺承

(3)并列

(4)条件

(5)假设

(6)转折

(7)选择

(8)递进

2.复句在使用过程中常见的错误:分句之间缺乏密切联系(强加因果等),结构混乱(分句间语序不当),关联词搭配不当,漏用、错用、滥用关联词,关联词位置不当。试分析下列句子在复句运用方面的错误。

(1)我们需要认真总结一下12个月来的学习经验,因为我们的学习目的是明确的。

(2)近两年来,他的科研成果水平又有新的提高,其中有两项不但达到了国际先进水平,而且也填补了国内这方面的空白。

【答案】

(1)分析:强加因果,前后两句没有因果关系。

(2)分析:后边两个分句之间的递进关系弄颠倒了,应该把次序调整一下,使意思由轻而重,构成递进关系,应改为“不但填补了国内这方面的空白,而且达到了国际先进水平”。

第二单元

药①

鲁迅②

学习提示

小说讲述了茶馆主人华老栓夫妇为儿子小栓买人血馒头治病的故事。小说用一个人血馒头将两个家庭连接起来，以茶馆为场所，浓缩展现社会面貌，揭示旧社会各阶层群众的思想与行为。作者生动形象地刻画出“看客”“茶客”“刽子手”“帮凶”等人物形象，揭露了旧社会长期封建统治给人民造成的麻木和愚昧，暗中颂扬了革命者夏瑜英勇不屈的精神，同时指出了辛亥革命未能贴近群众的局限性，也为积极探索救国救民的正确道路和“良药”发出了时代的呐喊。

文章构思巧妙，以华老栓夫妇给儿子治病为明线，以革命者夏瑜被杀害为暗

---

① 本文写于 1919 年 4 月 25 日，最初发表于 1919 年 5 月《新青年》第六卷第五号，后来收录在鲁迅的小说集《呐喊》之中。《药》是鲁迅继《狂人日记》《孔乙己》之后创作的第三篇白话小说。本文中夏瑜隐喻女革命党人秋瑾。秋瑾原与徐锡麟约定在浙、皖两省同时起义，徐起义失败后不久秋瑾便因人告密而被捕，于 1907 年 7 月 15 日凌晨遭清政府杀害。

② 鲁迅(1881—1936)，原名周樟寿，后改名周树人，字豫山，后改字豫才，浙江绍兴人。中国著名文学家、思想家、革命家、教育家、美术家、书法家、民主战士，新文化运动的重要参与者，中国现代文学的奠基人之一。

线，双线交织，呈现了黑暗笼罩下的不同人物的悲剧故事。在人物刻画上，作者善于运用白描手法表现人物的心理和性格，形象生动、技巧高超。

课　文

一

秋天的后半夜，月亮下去了，太阳还没有出，只剩下一片乌蓝的天；除了夜游的东西，什么都睡着。华老栓忽然坐起身，擦着火柴，点上遍身油腻的灯盏，茶馆的两间屋子里，便弥满了青白的光。

"小栓的爹，你就去么?"是一个老女人的声音。里边的小屋子里，也发出一阵咳嗽。

"唔。"老栓一面听，一面应，一面扣上衣服；伸手过去说，"你给我罢"。

华大妈在枕头底下掏了半天，掏出一包洋钱，交给老栓，老栓接了，抖抖的装入衣袋，又在外面按了两下；便点上灯笼，吹熄灯盏，走向里屋子去了。那屋子里面，正在窸窸窣窣[①]的响，接着便是一通咳嗽。老栓候他平静下去，才低低的叫道，"小栓……你不要起来。……店么？你娘会安排的"。

老栓听得儿子不再说话，料他安心睡了；便出了门，走到街上。街上黑沉沉的一无所有，只有一条灰白的路，看得分明。灯光照着他的两脚，一前一后的走。有时也遇到几只狗，可是一只也没有叫。天气比屋子里冷多了；老栓倒觉爽快，仿佛一旦变了少年，得了神通，有给人生命的本领似的，跨步格外高远。而且路也愈走愈分明，天也愈走愈亮了。

老栓正在专心走路，忽然吃了一惊，远远里看见一条丁字街，明明白白横着。他便退了几步，寻到一家关着门的铺子，蹩进[②]檐下，靠门立住了。好一会，身上觉得有些发冷。

"哼，老头子。"

"倒高兴……。"

老栓又吃一惊，睁眼看时，几个人从他面前过去了。一个还回头看他，样子不

① 〔窸窸窣窣（xīxīsūsū）〕拟声词，形容摩擦等轻微细小的声音。出自宋·孔平仲《谈苑》"如闭目窣身入水，顷刻间耳"。

② 〔蹩（bié）进〕躲躲闪闪地走进去。

甚分明，但很像久饿的人见了食物一般，眼里闪出一种攫取[①]的光。老栓看看灯笼，已经熄了。按一按衣袋，硬硬的还在。仰起头两面一望，只见许多古怪的人，三三两两，鬼似的在那里徘徊；定睛再看，却也看不出什么别的奇怪。

没有多久，又见几个兵，在那边走动；衣服前后的一个大白圆圈[②]，远地里也看得清楚，走过面前的，并且看出号衣上暗红的镶边。——一阵脚步声响，一眨眼，已经拥过了一大簇人。那三三两两的人，也忽然合作一堆，潮一般向前进；将到丁字街口，便突然立住，簇成一个半圆。

老栓也向那边看，却只见一堆人的后背；颈项都伸得很长，仿佛许多鸭，被无形的手捏住了的，向上提着。静了一会，似乎有点声音，便又动摇起来，轰的一声，都向后退；一直散到老栓立着的地方，几乎将他挤倒了。

"喂！一手交钱，一手交货！"一个浑身黑色的人，站在老栓面前，眼光正像两把刀，刺得老栓缩小了一半。那人一只大手，向他摊着；一只手却撮着[③]一个鲜红的馒头[④]，那红的还是一点一点的往下滴。

老栓慌忙摸出洋钱，抖抖的想交给他，却又不敢去接他的东西。那人便焦急起来，嚷道，"怕什么？怎的不拿！"老栓还踌躇[⑤]着；黑的人便抢过灯笼，一把扯下纸罩，裹了馒头，塞与老栓；一手抓过洋钱，捏一捏，转身去了。嘴里哼着说，"这老东西……"

"这给谁治病的呀？"老栓也似乎听得有人问他，但他并不答应；他的精神，现在只在一个包上，仿佛抱着一个十世单传的婴儿，别的事情，都已置之度外了。他现在要将这包里的新的生命，移植到他家里，收获许多幸福。太阳也出来了；在他面前，显出一条大道，直到他家中，后面也照见丁字街头破匾上"古□亭口"[⑥]这四个黯淡的金字。

---

① 〔攫(jué)取〕意思是抓取、拿取或掠取。该词早期词性为贬义，而在现代汉语中偏向中性。

② 〔大白圆圈〕清朝士兵穿的号衣(制服)，前后都缀着一块圆形的白布，上面有个"兵"字或"勇"字。

③ 〔撮(cuō)着〕其本意为用手指抓取粒状物。

④ 〔鲜红的馒头〕指蘸有人血的馒头。旧时民间迷信，认为人血可以医治肺结核病，处决犯人时，有人向刽子手买蘸过人血的馒头治病。

⑤ 〔踌躇(chóu chú)〕意思是指犹豫不决；思量，考虑；停留；徘徊不前；痛心；心情不愉快。

⑥ 〔古□亭口〕可念作"古某亭口"。□是文章里表示缺文的记号，作者是有意这样写的。浙江省绍兴县城内的轩亭口有一牌楼，匾上题有"古轩亭口"四个字。清末资产阶级民主主义革命家秋瑾于 1907 年在这里就义。

二

老栓走到家，店面早经收拾干净，一排一排的茶桌，滑溜溜的发光。但是没有客人；只有小栓坐在里排的桌前吃饭，大粒的汗，从额上滚下，夹袄也帖住了脊心，两块肩胛骨[①]高高凸出，印成一个阳文的“八”字。老栓见这样子，不免皱一皱展开的眉心。他的女人，从灶下急急走出，睁着眼睛，嘴唇有些发抖。

“得了么?”

“得了。”

两个人一齐走进灶下，商量了一会；华大妈便出去了，不多时，拿着一片老荷叶回来，摊在桌上。老栓也打开灯笼罩，用荷叶重新包了那红的馒头。小栓也吃完饭，他的母亲慌忙说：“小栓——你坐着，不要到这里来。”一面整顿了灶火，老栓便把一个碧绿的包，一个红红白白的破灯笼，一同塞在灶里；一阵红黑的火焰过去时，店屋里散满了一种奇怪的香味。

“好香！你们吃什么点心呀?”这是驼背五少爷到了。这人每天总在茶馆里过日，来得最早，去得最迟，此时恰恰蹩到临街的壁角的桌边，便坐下问话，然而没有人答应他。“炒米粥么?”仍然没有人应。老栓匆匆走出，给他泡上茶。

“小栓进来罢!”华大妈叫小栓进了里面的屋子，中间放好一条凳，小栓坐了。他的母亲端过一碟乌黑的圆东西，轻轻说：

“吃下去罢，——病便好了。”

小栓撮起这黑东西，看了一会，似乎拿着自己的性命一般，心里说不出的奇怪。十分小心的拗开[②]了，焦皮里面窜出一道白气，白气散了，是两半个白面的馒头。——不多工夫，已经全在肚里了，却全忘了什么味；面前只剩下一张空盘。他的旁边，一面立着他的父亲，一面立着他的母亲，两人的眼光，都仿佛要在他身上注进什么又要取出什么似的；便禁不住心跳起来，按着胸膛，又是一阵咳嗽。

“睡一会罢，——便好了。”

小栓依他母亲的话，咳着睡了。华大妈候他喘气平静，才轻轻的给他盖上了满幅补钉的夹被。

---

① 〔肩胛(jiǎ)骨〕人体背部最上部外侧的骨头，左右各一，略呈三角形。

② 〔拗(ǎo)开〕用手掰开。拗，用手折断。

三

店里坐着许多人，老栓也忙了，提着大铜壶，一趟一趟的给客人冲茶；两个眼眶，都围着一圈黑线。

“老栓，你有些不舒服么？——你生病么？”一个花白胡子的人说。

“没有。”

“没有？——我想笑嘻嘻的，原也不像……”花白胡子便取消了自己的话。

“老栓只是忙。要是他的儿子……”驼背五少爷话还未完，突然闯进了一个满脸横肉的人，披一件玄色布衫，散着纽扣，用很宽的玄色腰带，胡乱捆在腰间。刚进门，便对老栓嚷道：

“吃了么？好了么？老栓，就是运气了你！你运气，要不是我信息灵……。”

老栓一手提了茶壶，一手恭恭敬敬的垂着；笑嘻嘻的听。满座的人，也都恭恭敬敬的听。华大妈也黑着眼眶，笑嘻嘻的送出茶碗茶叶来，加上一个橄榄，老栓便去冲了水。

“这是包好！这是与众不同的。你想，趁热的拿来，趁热的吃下。”横肉的人只是嚷。

“真的呢，要没有康大叔照顾，怎么会这样……”华大妈也很感激的谢他。

“包好，包好！这样的趁热吃下。这样的人血馒头，什么痨病[1]都包好！”

华大妈听到“痨病”这两个字，变了一点脸色，似乎有些不高兴；但又立刻堆上笑，搭赸[2]着走开了。这康大叔却没有觉察，仍然提高了喉咙只是嚷，嚷得里面睡着的小栓也合伙咳嗽起来。

“原来你家小栓碰到了这样的好运气了。这病自然一定全好；怪不得老栓整天的笑着呢。”花白胡子一面说，一面走到康大叔面前，低声下气的问道，“康大叔——听说今天结果的一个犯人，便是夏家的孩子，那是谁的孩子？究竟是什么事？”

“谁的？不就是夏四奶奶的儿子么？那个小家伙！”康大叔见众人都耸起耳朵听他，便格外高兴，横肉块块饱绽，越发大声说，“这小东西不要命，不要就是了。我可是这一回一点没有得到好处；连剥下来的衣服，都给管牢的红眼睛阿义拿去了。——第一要算我们栓叔运气；第二是夏三爷赏了二十五两雪白的银子，独自落

① 〔痨（láo）病〕中医指结核病。

② 〔搭赸（shàn）〕为了想跟人接近或把尴尬的局面敷衍过去而找话说。现在规范词形写作“搭讪”。

腰包，一文不花。”

小栓慢慢的从小屋子里走出，两手按了胸口，不住的咳嗽；走到灶下，盛出一碗冷饭，泡上热水，坐下便吃。华大妈跟着他走，轻轻的问道，“小栓，你好些么？——你仍旧只是肚饿？……”

“包好，包好！”康大叔瞥[1]了小栓一眼，仍然回过脸，对众人说，“夏三爷真是乖角儿[2]，要是他不先告官，连他满门抄斩。现在怎样？银子！——这小东西也真不成东西！关在牢里，还要劝牢头造反。”

“阿呀，那还了得。”坐在后排的一个二十多岁的人，很现出气愤模样。

“你要晓得红眼睛阿义是去盘盘底细的，他却和他攀谈了。他说：这大清的天下是我们大家的。你想：这是人话么？红眼睛原知道他家里只有一个老娘，可是没有料到他竟会这么穷，榨不出一点油水，已经气破肚皮了。他还要老虎头上搔痒[3]，便给他两个嘴巴！”

“义哥是一手好拳棒，这两下，一定够他受用了。”壁角的驼背忽然高兴起来。

“他这贱骨头打不怕，还要说可怜可怜哩。”

花白胡子的人说，“打了这种东西，有什么可怜呢？”

康大叔显出看他不上的样子，冷笑着说，“你没有听清我的话；看他神气，是说阿义可怜哩！”

听着的人的眼光，忽然有些板滞[4]；话也停顿了。小栓已经吃完饭，吃得满头流汗，头上都冒出蒸气来。

“阿义可怜——疯话，简直是发了疯了。”花白胡子恍然大悟似的说。

“发了疯了。”二十多岁的人也恍然大悟的说。

店里的坐客，便又现出活气，谈笑起来。小栓也趁着热闹，拼命咳嗽；康大叔走上前，拍他肩膀说：

“包好！小栓——你不要这么咳。包好！”

“疯了！”驼背五少爷点着头说。

---

① 〔瞥(piē)〕意思是指目光向下歪斜地扫了一眼。

② 〔乖角儿〕机灵人。这里指善于见风使舵的人。

③ 〔搔(sāo)痒〕用指甲抓痒处。

④ 〔板滞(zhì)〕指呆板。

四

西关外靠着城根的地面，本是一块官地；中间歪歪斜斜一条细路，是贪走便道的人，用鞋底造成的，但却成了自然的界限。路的左边，都埋着死刑和瘐毙①的人，右边是穷人的丛冢②。两面都已埋到层层叠叠，宛然阔人家里祝寿时的馒头。

这一年的清明，分外寒冷；杨柳才吐出半粒米大的新芽。天明未久，华大妈已在右边的一坐新坟前面，排出四碟菜，一碗饭，哭了一场。化过纸，呆呆的坐在地上；仿佛等候什么似的，但自己也说不出等候什么。微风起来，吹动她短发，确乎比去年白得多了。

小路上又来了一个女人，也是半白头发，褴褛③的衣裙；提一个破旧的朱漆圆篮，外挂一串纸锭，三步一歇的走。忽然见华大妈坐在地上看她，便有些踌躇，惨白的脸上，现出些羞愧的颜色；但终于硬着头皮，走到左边的一坐坟前，放下了篮子。

那坟与小栓的坟，一字儿排着，中间只隔一条小路。华大妈看他排好四碟菜，一碗饭，立着哭了一通，化过纸锭；心里暗暗地想，"这坟里的也是儿子了。"那老女人徘徊④观望了一回，忽然手脚有些发抖，跄跄踉踉⑤退下几步，瞪着眼只是发怔⑥。

华大妈见这样子，生怕她伤心到快要发狂了；便忍不住立起身，跨过小路，低声对她说，"你这位老奶奶不要伤心了，——我们还是回去罢。"

那人点一点头，眼睛仍然向上瞪着；也低声吃吃的说道，"你看，——看这是什么呢？"

华大妈跟了她指头看去，眼光便到了前面的坟，这坟上草根还没有全合，露出一块一块的黄土，煞是难看。再往上仔细看时，却不觉也吃一惊；——分明有一圈红白的花，围着那尖圆的坟顶。

她们的眼睛都已老花多年了，但望这红白的花，却还能明白看见。花也不很多，圆圆的排成一个圈，不很精神，倒也整齐。华大妈忙看她儿子和别人的坟，却只有不怕冷的几点青白小花，零星开着；便觉得心里忽然感到一种不足和空虚，不愿

---

① 〔瘐毙（yǔ bì）〕指囚犯因饥寒、疾病或受刑而死于狱中。

② 〔丛冢（zhǒng）〕乱坟堆。冢，坟墓。

③ 〔褴褛（lán lǚ）〕意思是衣服破烂，不整洁，十分凌乱，不堪入目。

④ 〔徘徊（pái huái）〕表示在一个地方来回走动，或比喻犹豫不决。

⑤ 〔踉踉跄跄（liàng liàng qiàng qiàng）〕指走路不稳，跌跌撞撞的样子。

⑥ 〔发怔（zhèng）〕意思是发呆，发傻。

意根究。那老女人又走近几步，细看了一遍，自言自语的说，“这没有根，不像自己开的。——这地方有谁来呢？孩子不会来玩；——亲戚本家早不来了。——这是怎么一回事呢？”她想了又想，忽又流下泪来，大声说道：

“瑜儿，他们都冤枉了你，你还是忘不了，伤心不过，今天特意显点灵，要我知道么？”她四面一看，只见一只乌鸦，站在一株没有叶的树上，便接着说，“我知道了。——瑜儿，可怜他们坑了你，他们将来总有报应，天都知道；你闭了眼睛就是了。——你如果真在这里，听到我的话，——便教这乌鸦飞上你的坟顶，给我看罢。”

微风早经停息了；枯草支支直立，有如铜丝。一丝发抖的声音，在空气中愈颤愈细，细到没有，周围便都是死一般静。两人站在枯草丛里，仰面看那乌鸦；那乌鸦也在笔直的树枝间，缩着头，铁铸一般站着。

许多的工夫过去了；上坟的人渐渐增多，几个老的小的，在土坟间出没。

华大妈不知怎的，似乎卸下了一挑重担，便想到要走；一面劝着说，“我们还是回去罢。”

那老女人叹一口气，无精打采的收起饭菜；又迟疑了一刻，终于慢慢地走了。嘴里自言自语的说，“这是怎么一回事呢？……”

她们走不上二三十步远，忽听得背后“哑——”的一声大叫；两个人都竦然①的回过头，只见那乌鸦张开两翅，一挫身②，直向着远处的天空，箭也似的飞去了。

一九一九年四月

思考与练习

预习作业

一、抄写下列词语，并给加点字注音。

发怔　板滞　丛冢　徘徊　褴褛　搔痒　瘐毙
拗开　瞥见　攫取　踌躇　撮着　蹩进　肩胛骨
竦然　痨病　搭赸　窸窸窣窣　踉踉跄跄

---

① 〔竦(sǒng)然〕惊惧的样子，竦，通“悚”。

② 〔一挫(cuò)身〕身子一收缩。

二、“药”，在文中具体指的是什么？用来治什么病？谁得了病？“药”从哪里来？围绕“药”写了哪些人、哪些事？

研读探究

三、鲁迅曾说：“我的取材，多采自病态社会的不幸的人们。”试结合选文说明当时的社会有哪些病态。

四、作者在叙述故事情节时进行了多处环境与景物描写，为渲染气氛、刻画人物、表现主题奠定了基础，试以下列两段文字为例进行分析。

1. 秋天的后半夜，月亮下去了，太阳还没有出，只剩下一片乌蓝的天；除夜游的东西，什么都睡着。华老栓忽然坐起身，擦着火柴，点上遍身油腻的灯盏，茶馆的两间屋子里，便弥满了青白的光。

2. 微风早经停息了；枯草支支直立，有如铜丝。一丝发抖的声音，在空气中愈颤愈细，细到没有，周围便都是死一般静。两人站在枯草丛里，仰面看那乌鸦；那乌鸦也在笔直的树枝间，缩着头，铁铸一般站着。

积累拓展

五、《药》有两条线索：明线写华家悲剧，暗线写夏家悲剧，作者把线索处理成一明一暗，请你结合文章内容简要描述一下两条线索所呈现的悲剧故事。

边城[①](节选)

沈从文[②]

学习提示

《边城》以20世纪30年代川湘交界的边城小镇茶峒为背景,描绘了湘西边地特有的风土人情,以撑渡老人的外孙女翠翠与船总儿子傩送的爱情为线索,展现了人性的善良和心灵的纯净。文章描绘了一幅民风淳朴的风情画,深情地歌咏了亲情与爱情,充分展示了湘西的古老民俗与人物的善良心地。

课文采用了兼具抒情诗和小品文的优美笔触,描绘了湘西特有的风土民情。作者通过细腻的心理描写与诗画般的环境描写,使人沉浸在富有诗情画意的氛围中,充分展现了人物在特定环境中的意志、愿望和思想感情,表达了对人世间美好、纯粹情感的向往与赞美之情。

课　文

三

两省接壤处,十余年来主持地方军事的,注重在安辑保守[③],处置还得法,并无变故发生。水陆商务既不至于受战争停顿,也不至于为土匪影响,一切莫不极有秩

① 《边城》是沈从文创作的中篇小说,首次出版于1934年。本篇选自《沈从文选集》第四卷(四川人民出版社1983年版)。小说共二十一章,这里节选的是第三至六章。

② 沈从文(1902—1988),原名沈岳焕,乳名茂林,字崇文,笔名休芸芸、甲辰、上官碧、璇若等,湖南凤凰县人,中国著名作家、历史文物研究者。1924年开始进行文学创作,撰写出版了《长河》《边城》等小说。被誉为"乡土文学之父"。

③ 〔安辑(jí)保守〕安抚守卫边疆。

序，人民也莫不安分乐生。这些人，除了家中死了牛，翻了船，或发生别的死亡大变，为一种不幸所绊倒，觉得十分伤心外，中国其他地方正在如何不幸挣扎中的情形，似乎就还不曾为这边城人民所感到。

边城所在一年中最热闹的日子，是端午、中秋和过年。三个节日过去三五十年前，如何兴奋了这地方人，直到现在，还毫无什么变化，仍能成为那地方居民最有意义的几个日子。

端午日，当地妇女、小孩子，莫不穿了新衣，额角上用雄黄①蘸酒画了个王字。任何人家到了这天必可以吃鱼吃肉。大约上午十一点钟左右，全茶峒人②就吃了午饭，把饭吃过后，在城里住家的，莫不倒锁了门，全家出城到河边看划船。河街有熟人的，可到河街吊脚楼门口边看，不然就站在税关门口与各个码头上看。河中龙船以长潭某处作起点，税关前作终点，作比赛竞争。因为这一天军官、税官以及当地有身分的人，莫不在税关前看热闹。划船的事各人在数天以前就早有了准备，分组分帮，各自选出了若干身体结实、手脚伶俐的小伙子，在潭中练习进退。船只的形式，和平常木船大不相同，形体一律又长又狭，两头高高翘起，船身绘着朱红颜色长线，平常时节多搁在河边干燥洞穴里，要用它时，才拖下水去。每只船可坐十二个到十八个桨手，一个带头的，一个鼓手，一个锣手。桨手每人持一支短桨，随了鼓声缓促为节拍，把船向前划去。带头的坐在船头上，头上缠裹着红布包头，手上拿两支小令旗，左右挥动，指挥船只的进退。擂鼓打锣的，多坐在船只的中部，船一划动便即刻蓬蓬铛铛③把锣鼓很单纯的敲打起来，为划桨水手调理下桨节拍。一船快慢既不得不靠鼓声，故每当两船竞赛到剧烈时，鼓声如雷鸣，加上两岸人呐喊助威，便使人想起小说故事上梁红玉④老鹳河⑤时水战擂鼓种种情形。凡是把船划到前面一点的，必可在税关前领赏，一匹红、一块小银牌，不拘缠挂到船上某一个人头上去，都显出这一船合作努力的光荣。好事的军人，当每次某一只船胜利时，必在水

---

① 〔雄黄〕中药名，为硫化物类矿物雄黄族雄黄，分布于湖南、贵州等地。具有解毒杀虫，燥湿祛痰，截疟之功效。下文的“雄黄酒”就是掺有雄黄的烧酒，民间通常在端午节饮用。

② 〔茶峒(dòng)人〕“茶”在苗语中的意思是指汉人的汉；“峒”的意思是指山中的小块平地；“茶峒”的意思是指汉人居住的小块平地。“茶峒人”指汉族人。

③ 〔蓬蓬铛铛(dāng)〕用来形容声音清脆、响亮，常用于描述金属撞击的声音，如钟、铃等发出的声音。

④ 〔梁红玉〕宋代大将韩世忠的妻子。

⑤ 〔老鹳(guàn)河〕在河南省西南部。长江支流汉江支流丹江的支流。古名均水、析水等。因从前河两岸绿树成荫，多鹳鸟栖息，名老鹳河。建炎四年(1130)韩世忠与金兀术战于黄天荡(今南京东北长江干流)，相传梁红玉亲自擂鼓助战。

边放些表示胜利庆祝的五百响鞭炮。

赛船过后，城中的戍军长官，为了与民同乐，增加这个节日的愉快起见，便派士兵把三十只绿头长颈大雄鸭，颈脖上缚了红布条子，放入河中，尽善于泅水的军民人等，自由下水追赶鸭子。不拘谁把鸭子捉到，谁就成为这鸭子的主人。于是长潭换了新的花样，水面各处是鸭子，同时各处有追赶鸭子的人。

船与船的竞赛，人与鸭子的竞赛，直到天晚方能完事。

掌水码头的龙头大哥顺顺，年青时节便是一个泅水的高手，入水中去追逐鸭子，在任何情形下总不落空。但一到次子傩送①年过十二岁时，已能入水闭气氽②着到鸭子身边，再忽然冒水而出，把鸭子捉到，这作爸爸的便解嘲似的向孩子们说："好，这种事有你们来作，我不必再下水和你们争显本领了。"于是当真就不下水与人来竞争捉鸭子。但下水救人呢，当作别论。凡帮助人远离患难，便是入火，人到八十岁，也还是成为这个人一种不可逃避的责任！

天保、傩送两人都是当地泅水划船好选手。

端午又快来了，初五划船，河街上初一开会，就决定了属于河街的那只船当天入水。天保恰好在那天应向上行，随了陆路商人过川东龙潭送节货，故参加的就只傩送。十六个结实如牛犊的小伙子，带了香烛、鞭炮，同一个用生牛皮蒙好、绘有朱红太极图的高脚鼓，到了搁船的河上游山洞边，烧了香烛，把船拖入水中后，各人上了船，燃着鞭炮，擂着鼓，这船便如一枝没羽箭似的，很迅速地向下游长潭射去。

那时节还是上午，到了午后，对河渔人的龙船也下了水，两只龙船就开始预习种种竞赛的方法。水面上第一次听到了鼓声，许多人从这鼓声中，都感到了节日临近的欢悦。住临河吊脚楼对远方人有所等待、有所盼望的，也莫不因鼓声想到远人。在这个节日里，必然有许多船只可以赶回，也有许多船只只合在半路过节，这之间，便有些眼目所难见的人事哀乐，在这小山城河街间，让一些人开心，也让一些人皱眉！

蓬蓬鼓声掠水越山到了渡船头那里时，最先注意到的是那只黄狗。那黄狗汪汪地吠着，受了惊似的绕屋乱走；有人过渡时，便随船渡过河东岸去，且跑到那小山

① 〔傩(nuó)送〕意为傩神(傩神是驱除瘟疫的神)送给的。因排行老二，故小说中也称"二老"。又因为健壮俊美，人们给他起了个诨名叫"岳云"。

② 〔氽(tǔn)〕方言，人浮水上，这里指潜泳。

头向城里一方面大吠。

翠翠正坐在门外大石上用棕叶编蚱蜢、蜈蚣玩，见黄狗先在太阳下睡着，忽然醒来便发疯似的乱跑，过了河又回来，就问它骂它：

“狗，狗，你做什么！不许这样子！”

可是一会儿那声音被她发现了，她于是也绕屋跑着，并且同黄狗一块儿渡过了小溪，站在小山头听了许久，让那点迷人的鼓声，把自己带到一个过去的节日里去。

四

还是两年前的事。五月端阳，渡船头祖父找人作了替手，便带了黄狗同翠翠进城，到大河边去看划船。河边站满了人，四只朱色长船在潭中划着。龙船水刚刚涨过，河中水皆泛着豆绿色，天气又那么明朗，鼓声蓬蓬响着，翠翠抿着嘴一句话不说，心中充满了不可言说的快乐。河边人太多了一点，各人尽张着眼睛望河中，不多久，黄狗还留在身边，祖父却挤得不见了。

翠翠一面注意划船，一面心想“过不久爷爷总会找来的”。但过了许久，祖父还不来，翠翠便稍稍有点儿着慌了。先是两人同黄狗进城前一天，祖父就问翠翠：“明天城里划船，倘若你一个人去看，人多怕不怕？”翠翠就说：“人多我不怕，但是只是自己一个人可不好玩。”于是祖父想了半天，方想起一个住在城中的老熟人，赶夜里到城里去商量，请那老人来看一天渡船，自己却陪翠翠进城玩一天。且因为那人比渡船老人更孤单，身边无一个亲人，也无一只狗，因此便约好了那人早上过家中来吃饭，喝一杯雄黄酒。第二天那人来了，吃了饭，把职务委托那人以后，翠翠等便进了城。到路上时，祖父想起什么似的，又问翠翠：“翠翠，翠翠，人那么多，好热闹，你一个人敢到河边看龙船吗？”翠翠说：“怎么不敢？可是一个人玩儿有什么意思？”到了河边后，长潭里的四只红船，把翠翠的注意力完全占去了，身边祖父似乎也可有可无了。祖父心想：“时间还早，到收场时，至少还得三个时刻。溪边的那个朋友，也应当来看看年轻人的热闹，回去一趟，换换地位还赶得及。”因此就告翠翠：“人太多了，站在这里看，不要动，我到别处去有点事情，无论如何总赶得回来伴你回家。”翠翠正为两只竞速并进的船迷着，祖父说的话毫不思索就答应了。祖父知道黄狗在翠翠身边，也许比他自己在她身边还稳当，于是便回家看船去了。

祖父到了那渡船处时，见代替他的老朋友，正站在白塔下注意听远处鼓声。

祖父喊叫他，请他把船拉过来，两人渡过小溪仍然站到白塔下去。那人问老船夫为什么又跑回来，祖父就说想替他一会儿，所以把翠翠留在河边，自己赶回来，好让他也过大河边去看看热闹，且说："看得好，就不必再回来，只须见了翠翠告她一声，翠翠到时自会回家的。小丫头不敢回家，你就伴她走走！"但那替手对于看龙船已无什么兴味，却愿意同老船夫在这溪边大石上各自再喝两杯烧酒。老船夫听说十分高兴，于是把酒葫芦取出，推给城中来的那一个。两人一面谈些端午旧事，一面喝酒，不到一会儿，那人却在岩石上被烧酒醉倒了。

人既醉倒后，无从入城，祖父为了责任又不便与渡船离开，留在城中河边的翠翠，便不能不着急了。

河中划船的决了最后胜负后，城里军官已派人驾小船在潭中放了一船鸭子，祖父还不见来。翠翠恐怕祖父也正在什么地方等着她，因此带了黄狗各处人丛中挤着去找寻祖父，结果还是不得祖父的踪迹。后来看看天快要黑了，军人扛了长凳出城看热闹的，都已陆续扛了那凳子回家。潭中的鸭子只剩下三五只，捉鸭人也渐渐地少了。落日向上游翠翠家中那一方落去，黄昏把河面装饰了一层银色薄雾。翠翠望到这个景致，忽然起了一个怕人的想头，她想："假若爷爷死了？"

她记起祖父嘱咐她不要离开原来地方那一句话，便又为自己解释这想头的错误，以为祖父不来，必是进城去或到什么熟人处去，被人拉着喝酒，一时间不能脱身。正因为这也是可能的事，她又不愿在天未断黑以前，同黄狗赶回家去，只好站在那石码头边等候祖父。

再过一会儿，对河那两只长船已泊到对河小溪里去不见了，看龙船的人也差不多全散了。吊脚楼有娼妓的人家，已上了灯，且有人敲小鼙鼓[①]弹月琴唱曲子。另外一些人家，又有划拳行酒的吵嚷声音。同时停泊在吊脚楼下的一些船只，上面也有人在摆酒炒菜，把青菜萝卜之类，倒进滚热油锅里去时发出沙沙的声音。河面已朦朦胧胧，看去好像只有一只白鸭在潭中浮着，也只剩一个人追着这只鸭子。

翠翠还是不离开码头，总相信祖父会来找她，同她一起回家。

吊脚楼上唱曲子声音热闹了一些，只听到下面船上有人说话，……使用了不少粗鄙字眼，翠翠很不习惯把这种话听下去，但又不能走开。且听水手之一说楼上妇人的爸爸是七年前在棉花坡被人杀死的，一共杀了十七刀，翠翠心中那个古怪的想头："爷爷死了呢？"便仍然占据到心里有一会儿。

---

① 〔小鼙(pán)鼓〕一种革制的鼓。

两个水手还正在谈话，潭中那只白鸭慢慢地向翠翠所在的码头边游过来，翠翠想：“再过来些我就捉住你！”于是静静地等着。但那鸭子将近岸边三丈远近时，却有个人笑着，喊那船上水手。原来水中还有个人，那人已把鸭子捉到手，却慢慢的踹水游近岸边的。船上人听到水面的喊声，在隐约里也喊道：“二老，二老，你真能干，你今天得了五只吧？”那水上的人说：“这家伙狡猾的很，现在可归我了。”“你这时捉鸭子，将来捉女人，一定有同样的本领。”水上那一个不再说什么，手脚并用地拍着水傍了码头。湿淋淋地爬上岸时，翠翠身旁的黄狗，仿佛警告水中人似的，汪汪地叫了几声，表示这里有人，那人才注意到翠翠。码头上已无别的人，那人问：

“是谁人？”

“我是翠翠。”

“翠翠又是谁？”

“是碧溪岨①撑渡船的孙女。”

“这里又没有人过渡，你在这儿做什么？”

“我等我爷爷。我等他来好回家去。”

“等他来他可不会来，你爷爷一定到城里军营里喝了酒，醉倒后被人抬回去了！”

“他不会。他答应来找我，就一定会来的。”

“这里等也不成，到我家里去，到那边点了灯的楼上去，等爷爷来找你好不好？”

翠翠误会邀她进屋里去那个人的好意，心里记着水手说的妇人丑事，她以为那男子就是要她上有女人唱歌的楼上去，本来从不骂人，这时正因为等候祖父太久了，心中焦急得很，听人要她上去，以为欺侮②了她，就轻轻地说：

“你个悖时砍脑壳的！”

话虽轻轻的，那男的却听得出，且从声音上听得出翠翠年纪，便带笑说：“怎么，你那么小小的还会骂人！你不愿意上去，要待在这儿，回头水里大鱼来咬了你，可不要叫喊救命！”

---

① 〔碧溪岨(jū)〕茶峒碧溪岨是一个历史悠久的边界小镇，始建于嘉庆八年(1803年)，素有“一脚踏三省”之称，是湘西四大名镇之一。

② 〔欺侮(wǔ)〕欺负。

翠翠说:“鱼咬了我,也不关你的事。”

那黄狗好像明白翠翠被人欺侮了,又汪汪的吠起来。那男子把手中白鸭举起,向黄狗吓了一下,“老兄,你要怎么!”便走上河街去了。黄狗为了自己被欺侮还想追过去,翠翠便喊:“狗,狗,你叫人也看人叫!”翠翠意思仿佛只在告给狗“那轻薄男子还不值得叫”,但男子听去的却是另外一种好意,男的以为是她要狗莫向好人乱叫,放肆的笑着,不见了。

又过了一阵,有人从河街拿了一个废缆做成的火炬,一面晃着一面喊叫着翠翠的名字来找寻她,到身边时翠翠却不认识那个人。那人说:老船夫回到家中,不能来接她,故搭了过渡人口信来告翠翠,要她即刻就回去。翠翠听说是祖父派来的,就同那人一起回家,让打火把的在前引路,黄狗时前时后,一同沿了城墙向渡口走去。翠翠一面走一面问那拿火把的人,是谁告他就知道她在河边。那人说是二老告他的,他是二老家里的伙计,送翠翠回家后还得回转河街。

翠翠说:“二老他怎么知道我在河边?”

那人便笑着说:“他从河里捉鸭子回来,在码头上见你,他说好意请你上家里坐坐,等候你爷爷,你还骂过他!你那只狗不识吕洞宾,只是叫!”

翠翠带了点儿惊讶轻轻的问:“二老是谁?”

那人也带了点儿惊讶说:“二老你都不知道?就是我们河街上的傩送二老!就是岳云!他要我送你回去!”

傩送二老在茶峒地方不是一个生疏的名字。

翠翠想起自己先前骂人那句话,心里又吃惊又害羞,再也不说什么,默默地随了那火把走去。

翻过了小山岨,望得见对溪家中火光时,那一方面也看见了翠翠方面的火把,老船夫即刻把船拉过来,一面拉船,一面哑声儿喊问:“翠翠,翠翠,是不是你?”翠翠不理会祖父,口中却轻轻的说:“不是翠翠,不是翠翠,翠翠早被大河里鲤鱼吃去了。”翠翠上了船,二老派来的人,打着火把走了,祖父牵着船问:“翠翠,你怎么不答应我,生我的气了吗?”

翠翠站在船头还是不作声。翠翠对祖父那一点儿埋怨,等到把船拉过了溪,一到了家中,看明白了醉倒的另一个老人后,就完事了。但是另一件事,属于自己不关祖父的,却使翠翠沉默了一个夜晚。

五

两年日子过去了。

这两年来两个中秋节，恰好无月亮可看，凡在这边城地方，因看月而起整夜男女唱歌的故事，通统不能如期举行，因此两个中秋留给翠翠的印象，极其平淡无奇。两个新年虽照例可以看到军营里和各乡来的狮子龙灯，在小教场迎春，锣鼓喧阗①大热闹。到了十五夜晚，城中舞龙耍狮子的镇筸②兵士，还各自赤裸着肩膊，往各处去欢迎炮仗烟火。城中军营里，税关局长公馆，河街上一些大字号，莫不预先截老毛竹筒，或镂空棕榈树根株，用洞硝拌和磺炭钢砂，一千槌八百槌把烟火做好。好勇取乐的军士，光赤着个上身，玩着灯打着鼓来了，小鞭炮如落雨的样子，从悬到长竿尖端的空中落到玩灯的光赤赤肩背上，锣鼓催动急促的拍子，大家情绪都为这事情十分兴奋。鞭炮放过一阵后，用长凳脚绑着的大筒灯火，在敞坪一端燃起了引线，先是嗤嗤地流泻白光，慢慢地这白光便吼啸起来，做出如雷如虎惊人的声音，白光向上空冲去，高至二十丈，下落时便洒散着满天花雨。人人把颈脖缩着，又怕又欢喜。玩灯的兵士，却在火花中绕着圈子，俨然毫不在意的样子。翠翠同她的祖父，也看过这样的热闹，留下一个热闹的印象，但这印象不知为什么原因，总不如那个端午所经过的事情甜而美。

翠翠为了不能忘记那件事，上年一个端午又同祖父到城边河街去看了半天船，一切玩得正好时，忽然落了行雨，无人衣衫不被雨湿透。为了避雨，祖孙二人同那只黄狗，走到顺顺吊脚楼上去，挤在一个角隅③里。有人扛凳子从身边过去，翠翠认得那人正是去年打了火把送她回家的人，就告给祖父：

“爷爷，那个人去年送我回家，他拿了火把走路时，真像个山上的喽啰！”

祖父当时不作声，等到那人回头又走过面前时，就闪不知④一把抓住那个人，笑嘻嘻说：

“嗨嗨，你这个喽啰！要你到我家喝一杯也不成，还怕酒里有毒，把你这个真命天子毒死！”

那人一看是守渡船的，且看到了翠翠，就笑了。“翠翠，你长大了！二老说你在

① 〔锣鼓喧阗(tián)〕意思是敲锣打鼓，声响大得响彻云天。

② 〔镇筸(gān)〕湖南凤凰县南，在湖南原属湘西边远落后县份。

③ 〔角隅(yú)〕意思是角落的角落，更狭窄，更压抑之感。

④ 〔冈不知〕突然。

河边大鱼会吃你，我们这里河中的鱼，现在可吞不下你了。”

翠翠一句话不说，只是抿起嘴唇笑着。

这一次虽在这喽啰长年口中听到个“二老”名字，却不曾见及这个人。从祖父和那长年谈话里，翠翠听明白了二老是在下游六百里外沅水[①]中部青浪滩过端午的。但这次不见二老，却认识了大老，且见着了那个一地出名的顺顺。大老把河中的鸭子捉回家里后，因为守渡船的老家伙称赞了那只肥鸭两次，顺顺就要大老把鸭子给翠翠。且知道祖孙二人所过的日子，十分拮据[②]，节日里自己不能包粽子，又送了许多尖角粽子。

那水上名人同祖父谈话时，翠翠虽装作眺望河中景致，耳朵却把每一句话听得清清楚楚。那人向祖父说翠翠长得很美，问过翠翠年纪，又问有没有人家。祖父则很快乐地夸奖了翠翠不少，且似乎不许别人来关心翠翠的婚事，因此一到这件事便闭口不谈。

回家时，祖父抱了那只白鸭子同别的东西，翠翠打火把引路。两人沿城墙脚走去，一面是城，一面是水。祖父说：“顺顺真是个好人，大方得很。大老也很好。这一家人都好！”翠翠说：“一家人都好，你认识他们一家人吗？”祖父不明白这句话的意思所在，因为今天太高兴一点，便不加检点笑着说：“翠翠，假若大老要你做媳妇，请人来做媒，你答应不答应？”翠翠就说：“爷爷，你疯了！再说我就生你的气！”

祖父话虽不再说了，心中却很显然的还转着这些可笑的不好的念头。翠翠着了恼，把火炬向路两旁乱晃着，向前怏怏[③]的走去了。

“翠翠，莫闹，我摔到河里去，鸭子会走脱的！”

“谁也不希罕那只鸭子！”

祖父明白翠翠为什么事情不高兴，便唱起摇橹人驶船下滩时催橹的歌声，声音虽然哑沙沙的，字眼儿却稳稳当当毫不含糊。翠翠一面听着一面向前走去，忽然停住了发问：

“爷爷，你的船是不是正在下青浪滩呢？”

祖父不说什么，还是唱着，两人都记起顺顺家二老的船正在青浪滩过节，但谁

---

① 〔沅水(yuán)〕沅江，又称沅水，长江流域洞庭湖支流。流经中国贵州省、湖南省。沅江是湖南省的第二大河流。

② 〔拮据(jié jū)〕指生活贫困，手头不宽裕，钱不够用，经济窘迫。

③ 〔怏怏(yàng yàng)〕形容不满意或不高兴的神情。

也不明白另外一个人的记忆所止处。祖孙二人便沉默地一直走还家中。到了渡口，那另外一个代理看船的，正把船泊在岸边等候他们。几人渡过溪到了家中，剥粽子吃。到后那人要进城去，翠翠赶即为那人点上火把，让他有火把照路。人过了小溪上小山时，翠翠同祖父在船上望着，翠翠说：

"爷爷，看喽啰上山了啊！"

祖父把手攀引着横缆，注目溪面升起的薄雾，仿佛看到了另外一种什么东西，轻轻地吁了一口气。祖父静静地拉船过对岸家边时，要翠翠先上岸去，自己却守在船边，因为过节，明白一定有乡下人来城里看龙船，还得乘黑赶回家去。

六

白日里，老船夫正在渡船上，同个卖皮纸的过渡人有所争持。一个不能接受所给的钱，一个却非把钱送给老人不可。正似乎因为那个过渡人送钱气派有些强横，使老船夫受了点压迫，这撑渡船人就俨然[①]生气似的，迫着那人把钱收回，使这人不得不把钱捏在手里。但船拢岸时，那人跳上了码头，一手铜钱向船舱里一撒，却笑眯眯的匆匆忙忙走了。老船夫手还得拉着船让别一个人上岸，无法去追赶那个人，就喊小山头的孙女：

"翠翠，翠翠，为我拉着那个卖皮纸的小伙子，不许他走！"

翠翠不知道是怎么回事，当真便同黄狗去拦那第一个下船人。那人笑着说：

"不要拦我！……"

正说着，第二个商人赶来了，就告给翠翠是什么事情。翠翠明白了，更紧拉着卖纸人衣服不放，只说："不许走！不许走！"黄狗为了表示同主人的意见一致，也便在翠翠身边汪汪汪地吠着。其余商人都笑着，一时不能走路。祖父气吁吁的赶来了，把钱强迫塞到那人手心里，且搭了一大束草烟到那商人担子上去，搓着两手笑着说："走呀！你们上路走！"那些人于是全笑着走了。

翠翠说："爷爷，我还以为那人偷你东西同你打架！"

祖父就说："嗨，他送我好些钱。我才不要这些钱！告他不要钱，他还同我吵，不讲道理！"

翠翠说："全还给他了吗？"

祖父抿着嘴把头摇摇，闭上一只眼睛，装成狡猾得意神气笑着，把扎在腰带上

---

① 〔俨(yǎn)然〕这里形容特别像。

留下的那枚单铜子取出，送给翠翠。且说：

“礼轻仁义重，我留下一个。他得了我们那把烟叶，可以吃到镇筸城！”

远处鼓声又蓬蓬地响起来了，黄狗张着两个耳朵听着。翠翠问祖父，听不听到什么声音。祖父一注意，知道是什么声音了，便说：

“翠翠，端午又来了。你记不记得去年天保大老送你那只肥鸭子？早上大老同一群人上川东去，过渡时还问你。你一定忘记那次落的行雨。我们这次若去，又得打火把回家；你记不记得我们两人用火把照路回家？”

翠翠还正想起两年前的端午一切事情哪。但祖父一问，翠翠却微带点儿恼着的神气，把头摇摇，故意说：“我记不得，我记不得，我全记不得！”其实她那意思就是“你这个人！我怎么记不得？”

祖父明白那话里意思，又说：“前年还更有趣，你一个人在河边等我，差点儿不知道回来，天夜了，我还以为大鱼会吃掉你！”

提起旧事翠翠嗤①的笑了。

“爷爷，你还以为大鱼会吃掉我？是别人家说我，我告给你的！你那天只是恨不得让城中的那个爷爷把装酒的葫芦吃掉！你这种人，好记性！”

“我人老了，记性也坏透了。翠翠，现在你人长大了，一个人一定敢上城看船，不怕鱼吃掉你了。”

“人大了就应当守船呢。”

“人老了才应当守船。”

“人老了应当歇憩②！”

“你爷爷还可以打老虎，人不老！”祖父说着，于是，把手膀子弯曲起来，努力使筋肉在局束中显得又有力又年轻，并且说：“翠翠，你不信，你咬。”

翠翠睨③着腰背微驼白发满头的祖父，不说什么话。远处有吹唢呐的声音，她知道那是什么事情，且知道唢呐方向，要祖父同她下了船，把船拉过家中那边岸旁去。为了想早早地看到那迎婚送亲的喜轿，翠翠还爬到屋后塔下去眺望。过不久，那一伙人来了，两个吹唢呐的，四个强壮乡下汉子，一顶空花轿，一个穿新衣的团总

---

① 〔嗤(chī)〕拟声词。

② 〔歇憩(qì)〕指停息；休息。

③ 〔睨(nì)〕斜着眼睛看。

儿子模样的青年；另外还有两只羊，一个牵羊的孩子，一坛酒，一盒糍粑，一个担礼物的人。一伙人上了渡船后，翠翠同祖父也上了渡船，祖父拉船，翠翠却傍花轿站定，去欣赏每一个人的脸色与花轿上的流苏。拢岸后，团总儿子模样的人，从扣花抱肚里掏出了一个小红纸包封，递给老船夫。这是当地规矩，祖父再不能说不接收了。但得了钱祖父却说话了，问那个人，新娘是什么地方人；明白了，又问姓什么；明白了，又问多大年纪；一起皆弄明白了。吹唢呐的一上岸后，又把唢呐呜呜喇喇[1]吹起来，一行人便翻山走了。祖父同翠翠留在船上，感情仿佛皆追着那唢呐声音走去，走了很远的路方回到自己身边来。

祖父掂着那红纸包封的分量说："翠翠，宋家堡子里新嫁娘年纪还只十五岁。"

翠翠明白祖父这句话的意思所在，不作理会，静静的把船拉动起来。

到了家边，翠翠跑回家去取小小竹子做的双管唢呐，请祖父坐在船头吹《娘送女》曲子给她听，她却同黄狗躺到门前大岩石上荫处看天上的云。白日渐长，不知什么时节，守在船头的祖父睡着了，躺在岸上的翠翠同黄狗也睡着了。

思考与练习

预习作业

一、抄写下列词语，并给加点字注音。

欺侮　傩送　角隅　拮据　怏怏　碧溪岨　小擎鼓

俨然　歇憩　老鹳河　呜呜喇喇　安辑保守　蓬蓬铛铛

二、《边城》中的老船夫待人接物具有什么样的性格特征？请举出一两个细节加以具体说明。

研读探究

三、沈从文曾评价自己的小说"文章更近于小品散文，于描写同样尽力，于结构更疏远了"。请结合选文，谈谈《边城》散文化小说的特点。

四、《边城》描写的湘西，自然风光秀丽，民风纯朴，文中人物形象刻画细致入

① 〔呜呜喇喇(lā)〕同"呼啦"，拟声词。

微，充满湘西特色，试以下列两段文字为例进行分析。

1. 祖父气吁吁的赶来了，把钱强迫塞到那人手心里，且搭了一大束草烟到那商人担子上去，搓着两手笑着说："走呀！你们上路走！"那些人于是全笑着走了。

2. 鞭炮放过一阵后，用长凳脚绑着的大筒灯火，在敞坪一端燃起了引线，先是嗞嗞地流泻白光，慢慢地这白光便吼啸起来，做出如雷如虎惊人的声音，白光向上空冲去，高至二十丈，下落时便洒散着满天花雨。人人把颈脖缩着，又怕又欢喜。玩灯的兵士，却在火花中绕着圈子，俨然毫不在意的样子。

积累拓展

五、作者营造了"边城"这样一个"桃源"式的美好、和谐的社会，浅谈《边城》中的自然美、风情美和人性美。200 字左右。

雷雨[1](节选)

曹禺[2]

学习提示

课文以话剧的形式展开故事，剧中情节发展不到二十四小时内，集中展开了周鲁两家三十年的恩怨情仇。将伪善的资本家大家长周朴园，受新思想影响的单纯的少年周冲，被冷漠的家庭逼疯了和被爱情伤得体无完肤的女人繁漪，对过去所作所为充满了罪恶感、企图逃离的周萍，还有意外归来的鲁侍萍，单纯着爱与被爱的鲁四凤，受压迫的工人鲁大海，贪得无厌的管家等人物刻画得淋漓尽致，在叙述家庭矛盾纠葛、怒斥封建家庭腐朽顽固的同时，反映了更为深层的社会及时代问题。

该剧情节扣人心弦，语言精炼含蓄，人物各具特色，是“中国话剧现实主义的基石”，也是中国现代话剧成熟的里程碑。

课　文

午饭后，天气更阴沉，更郁热。低沉潮湿的空气，使人异常烦躁……

周朴园（点着一支吕宋烟[3]，看见桌上的雨衣，向侍萍）这是太太找出来的雨衣么？

---

① 本文选自《曹禺选集》(人民文学出版社 2004 年版)，有改动。《雷雨》是剧作家曹禺创作的一部话剧，发表于 1934 年 7 月《文学季刊》，是中国话剧艺术由发展走向成熟的标志，共四幕，这里选的是第二幕的片段。

② 曹禺(1910—1996)，原名万家宝，祖籍湖北省潜江县，出生于天津。代表作剧有《雷雨》《日出》《原野》《北京人》等。

③ 〔吕宋烟〕雪茄烟，因菲律宾吕宋岛所产的烟质量好而得名。

鲁侍萍 （看着他）大概是的。

周朴园 （拿起看看）不对，不对，这都是新的。我要我的旧雨衣，你回头跟太太说。

鲁侍萍 嗯。

周朴园 （看她不走）你不知道这间房子底下人不准随便进来么？

鲁侍萍 （看着他）不知道，老爷。

周朴园 你是新来的下人？

鲁侍萍 不是的，我找我的女儿来的。

周朴园 你的女儿？

鲁侍萍 四凤是我的女儿。

周朴园 那你走错屋子了。

鲁侍萍 哦。——老爷没有事了？

周朴园 （指窗）窗户谁叫打开的？

鲁侍萍 哦。（很自然地走到窗前，关上窗户，慢慢地走向中门）

周朴园 （看她关好窗门，忽然觉得她很奇怪）你站一站。（侍萍停）你——你贵姓？

鲁侍萍 我姓鲁。

周朴园 姓鲁。你的口音不像北方人。

鲁侍萍 对了，我不是，我是江苏的。

周朴园 你好像有点无锡口音。

鲁侍萍 我自小就在无锡长大的。

周朴园 （沉思）无锡？嗯，无锡，（忽而）你在无锡是什么时候？

鲁侍萍 光绪二十年，离现在有三十多年了。

周朴园 哦，三十年前你在无锡？

鲁侍萍 是的，三十多年前呢，那时候我记得我们还没有用洋火呢。

周朴园 （沉思）三十多年前，是的，很远啦，我想想，我大概是二十多岁的时候。那时候我还在无锡呢。

鲁侍萍 老爷是那个地方的人？

周朴园 嗯，（沉吟）无锡是个好地方。

鲁侍萍 哦，好地方。

周朴园 你三十年前在无锡吗？

鲁侍萍 是，老爷。

周朴园 三十年前，在无锡有一件很出名的事情——

鲁侍萍 哦。

周朴园 你知道么？

鲁侍萍 也许记得，不知道老爷说的是哪一件？

周朴园 哦，很远的，提起来大家都忘了。

鲁侍萍 说不定，也许记得的。

周朴园 我问过许多那个时候到过无锡的人，我想打听打听。可是那个时候在无锡的人，到现在不是老了就是死了。活着的多半是不知道的，或者忘了。

鲁侍萍 如若老爷想打听的话，无论什么事，无锡那边我还有认识的人，虽然许久不通音信，托他们打听点事情总还可以的。

周朴园 我派人到无锡打听过。——不过也许凑巧你会知道。三十年前在无锡有一家姓梅的。

鲁侍萍 姓梅的？

周朴园 梅家的一个年轻小姐，很贤惠，也很规矩。有一天夜里，忽然地投水死了。后来，后来，——你知道吗？

鲁侍萍 不敢说。

周朴园 哦。

鲁侍萍 我倒认识一个年轻的姑娘姓梅的。

周朴园 哦？你说说看。

鲁侍萍 可是她不是小姐，她也不贤惠，并且听说是不大规矩的。

周朴园 也许，也许你弄错了，不过你不妨说说看。

鲁侍萍 这个梅姑娘倒是有一天晚上跳的河，可是不是一个，她手里抱着一个刚生下三天的男孩。听人说她生前是不规矩的。

周朴园 （苦痛）哦。

鲁侍萍 她是个下等人，不很守本分的。听说她跟那时周公馆的少爷有点不清白，生了两个儿子。生了第二个，才过三天，忽然周少爷不要她了。大孩子就放在周公馆,刚生的孩子她抱在怀里,在年三十夜里投河死的。

周朴园 (汗涔涔[①]地)哦。

鲁侍萍 她不是小姐,她是无锡周公馆梅妈的女儿,她叫侍萍。

周朴园 (抬起头来)你姓什么?

鲁侍萍 我姓鲁,老爷。

周朴园 (喘出一口气,沉思地)侍萍,侍萍,对了。这个女孩子的尸首,说是有一个穷人见着埋了。你可以打听到她的坟在哪儿吗?

鲁侍萍 老爷问这些闲事干什么?

周朴园 这个人跟我们有点亲戚。

鲁侍萍 亲戚?

周朴园 嗯,——我们想把她的坟墓修一修。

鲁侍萍 哦,——那用不着了。

周朴园 怎么?

鲁侍萍 这个人现在还活着。

周朴园 (惊愕)什么?

鲁侍萍 她没有死。

周朴园 她还在?不会吧?我看见她河边上的衣服,里面有她的绝命书。

鲁侍萍 不过她被一个慈善的人救活了。

周朴园 哦,救活啦?

鲁侍萍 以后无锡的人是没见着她,以为她那夜晚死了。

周朴园 那么,她呢?

鲁侍萍 一个人在外乡活着。

周朴园 那个小孩呢?

鲁侍萍 也活着。

周朴园 (忽然立起)你是谁?

鲁侍萍 我是这儿四凤的妈,老爷。

周朴园 哦。

鲁侍萍 她现在老了,嫁给一个下等人,又生了个女孩,境况很不好。

---

① 〔汗涔涔(cén cén)〕形容汗水不断往下流。

周朴园 你知道她现在在哪儿？

鲁侍萍 我前几天还见着她！

周朴园 什么？她就在这儿？此地？

鲁侍萍 嗯，就在此地。

周朴园 哦！

鲁侍萍 老爷，您想见一见她么？

周朴园 不，不。谢谢你。

鲁侍萍 她的命很苦。离开了周家，周家少爷就娶了一位有钱有门第的小姐。她一个单身人，无亲无故，带着一个孩子在外乡，什么事都做：讨饭，缝衣服，当老妈子，在学校里伺候人。

周朴园 她为什么不再找到周家？

鲁侍萍 大概她是不愿意吧。为着她自己的孩子，她嫁过两次。

周朴园 嗯，以后她又嫁过两次。

鲁侍萍 嗯，都是很下等的人。她遇人都很不如意，老爷想帮一帮她么？

周朴园 好，你先下去。让我想一想。

鲁侍萍 老爷，没有事了？（望着朴园，眼泪要涌出）老爷，您那雨衣，我怎么说？

周朴园 你去告诉四凤，叫她把我樟木箱子里那件旧雨衣拿出来，顺便把那箱子里的几件旧衬衣也捡出来。

鲁侍萍 旧衬衣？

周朴园 你告诉她在我那顶老的箱子里，纺绸的衬衣，没有领子的。

鲁侍萍 老爷那种绸衬衣不是一共有五件？您要哪一件？

周朴园 要哪一件？

鲁侍萍 不是有一件，在右袖襟①上有个烧破的窟窿②，后来用丝线绣成一朵梅花补上的？还有一件——

周朴园 （惊愕）梅花？

鲁侍萍 还有一件绸衬衣，左袖襟也绣着一朵梅花，旁边还绣着一个萍字。还有一件——

---

① 〔袖襟（jīn）〕意思是衣襟衣袖。

② 〔窟窿（kū long）〕洞。

周朴园 （徐徐立起）哦，你，你，你是——

鲁侍萍 我是从前伺候过老爷的下人。

周朴园 哦，侍萍！（低声）怎么，是你？

鲁侍萍 你自然想不到，侍萍的相貌有一天也会老得连你都不认识了。

周朴园 你——侍萍？（不觉地望望柜上的相片，又望侍萍）

鲁侍萍 朴园，你找侍萍吗？侍萍在这儿。

周朴园 （忽然严厉地）你来干什么？

鲁侍萍 不是我要来的。

周朴园 谁指使你来的？

鲁侍萍 （悲愤）命，不公平的命指使我来的。

周朴园 （冷冷地）三十年的工夫你还是找到这儿来了。

鲁侍萍 （愤怨）我没有找你，我没有找你，我以为你早死了。我今天没想到到这儿来，这是天要我在这儿又碰见你。

周朴园 你可以冷静点。现在你我都是有子女的人。如果你觉得心里有委屈，这么大年纪，我们先可以不必哭哭啼啼的。

鲁侍萍 哭？哼，我的眼泪早哭干了，我没有委屈，我有的是恨，是悔，是三十年一天一天我自己受的苦。你大概已经忘了你做的事了！三十年前，过年三十的晚上我生下你的第二个儿子才三天，你为了要赶紧娶那位有钱有门第的小姐，你们逼着我冒着大雪出去，要我离开你们周家的门。

周朴园 从前的旧恩怨，过了几十年，又何必再提呢？

鲁侍萍 那是因为周大少爷一帆风顺，现在也是社会上的好人物。可是自从我被你们家赶出来以后，我没有死成，我把我的母亲可给气死了，我亲生的两个孩子你们家里逼着我留在你们家里。

周朴园 你的第二个孩子你不是已经抱走了么？

鲁侍萍 那是你们老太太看着孩子快死了，才叫我带走的。（自语）哦，天哪，我觉得我像在做梦。

周朴园 我看过去的事不必再提起来吧。

鲁侍萍 我要提，我要提，我闷了三十年了！你结了婚，就搬了家，我以为这一辈子也见不着你了；谁知道我自己的孩子偏偏命定要跑到周家来，又做我从前在你们家里做过的事。

周朴园 怪不得四凤这样像你。

鲁侍萍 我伺候你，我的孩子再伺候你生的少爷们。这是我的报应，我的报应。

周朴园 你静一静。把脑子放清醒点。你不要以为我的心是死了，你以为一个人做了一件于心不忍的事就会忘了么？你看这些家具都是你从前顶喜欢的东西，多少年我总是留着，为着纪念你。

鲁侍萍 （低头）哦。

周朴园 你的生日——四月十八——每年我总记得。一切都照着你是正式嫁过周家的人看，甚至于你因为生萍儿，受了病，总要关窗户，这些习惯我都保留着，为的是不忘你，弥补我的罪过。

鲁侍萍 （叹一口气）现在我们都是上了年纪的人，这些傻话请你也不必说了。

周朴园 那更好了。那么我们可以明明白白地谈一谈。

鲁侍萍 不过我觉得没有什么可谈的。

周朴园 话很多。我看你的性情好像没有大改，——鲁贵像是个很不老实的人。

鲁侍萍 你不要怕。他永远不会知道的。

周朴园 那双方面都好。再有，我要问你的，你自己带走的儿子在哪儿？

鲁侍萍 他在你的矿上做工。

周朴园 我问，他现在在哪儿？

鲁侍萍 就在门房等着见你呢。

周朴园 什么？鲁大海？他！我的儿子？

鲁侍萍 他的脚指头因为你的不小心，现在还是少一个的。

周朴园 （冷笑）这么说，我自己的骨肉在矿上鼓动罢工，反对我！

鲁侍萍 他跟你现在完完全全是两样的人。

周朴园 （沉静）他还是我的儿子。

鲁侍萍 你不要以为他还会认你做父亲。

周朴园 （忽然）好！痛痛快快的！你现在要多少钱吧！

鲁侍萍 什么？

周朴园 留着你养老。

鲁侍萍 （苦笑）哼，你还以为我是故意来敲诈你，才来的吗？

周朴园 也好，我们暂且不提这一层。那么，我先说我的意思。你听着，鲁贵我现在要辞退的。四凤也要回家。不过——

鲁侍萍 你不要怕，你以为我会用这种关系来敲诈你吗？你放心，我不会的。大后天我就带着四凤回到我原来的地方。这是一场梦，这地方我绝对不会再住下去。

周朴园 好得很，那么一切路费、用费，都归我担负。

鲁侍萍 什么？

周朴园 这于我的心也安一点。

鲁侍萍 你？（笑）三十年我一个人都过了，现在我反而要你的钱？

周朴园 好，好，好，那么，你现在要什么？

鲁侍萍 （停一停）我，我要点东西。

周朴园 什么？说吧。

鲁侍萍 （泪满眼）我——我——我只要见见我的萍儿。

周朴园 你想见他？

鲁侍萍 嗯，他在哪儿？

周朴园 他现在在楼上陪着他的母亲看病。我叫他，他就可以下来见你。不过是——

鲁侍萍 不过是什么？

周朴园 他很大了。

鲁侍萍 （追忆）他大概是二十八了吧？我记得他比大海只大一岁。

周朴园 并且他以为他母亲早就死了的。

鲁侍萍 哦，你以为我会哭哭啼啼地叫他认母亲吗？我不会那样傻的。我明白他的地位，他的教育，不容他承认这样的母亲。这些年我也学乖了，我只想看看他，他究竟是我生的孩子。你不要怕，我就是告诉他，白白地增加他的烦恼，他也是不愿意认我的。

周朴园 那么，我们就这样解决了。我叫他下来，你看一看他，以后鲁家的人永远不许再到周家来。

鲁侍萍 好，我希望这一生不至于再见你。

周朴园（由衣内取出皮夹的支票签好）很好，这是一张五千块钱的支票，你可以先拿去用。算是弥补我一点罪过。

鲁侍萍（接过支票）谢谢你。（慢慢撕碎支票）

周朴园 侍萍。

鲁侍萍 我这些年的苦不是你拿钱算得清的。

周朴园 可是你——

外面争吵声，鲁大海的声音："放开我，我要进去。"三四个男仆声："不成，不成，老爷睡觉呢。"

周朴园（走至中门）来人！（仆人由中门进）谁在吵？

仆　人 就是那个工人鲁大海！他不讲理，非见老爷不可。

周朴园 哦。（沉吟）那你就叫他进来吧。等一等，叫人到楼上请大少爷下来，我有话问他。

仆　人 是，老爷。（由中门下）

周朴园（向侍萍）侍萍，你不要太固执。这一点钱你不收下，将来你会后悔的。

侍萍望着周朴园，一句话也不说。

仆人领大海进。大海站在左边，三四个仆人立一旁。

鲁大海（见侍萍）妈，您还在这儿？

周朴园（打量大海）你叫什么名字？

鲁大海（大笑）董事长，您不要同我摆架子，您难道不知道我是谁吗？

周朴园 你？我只知道你是罢工闹得最凶的工人代表。

鲁大海 对了，一点儿也不错，所以才来拜望拜望您。

周朴园 你有什么事吧？

鲁大海 董事长当然知道我是为什么来的。

周朴园（摇头）我不知道。

鲁大海 我们老远从矿上来，今天我又在您府上大门房里从早上六点钟一直等到现在，我就是要问问董事长，对于我们工人的条件，究竟是答应不答应？

周朴园 哦，——那么，那三个代表呢？

鲁大海 我跟你说吧，他们现在正在联络旁的工会呢。

周朴园 哦，——他们没有告诉你旁的事情吗？

鲁大海 告诉不告诉于你没有关系。——我问你，你的意思，忽而软，忽而硬，究竟是怎么回事？

周萍由饭厅上，见有人，即想退回。

周朴园 （看周萍）不要走，萍儿！（视侍萍，侍萍知周萍为其子，眼泪汪汪地望着他。）

周　萍 是，爸爸。

周朴园 （指身侧）萍儿，你站在这儿，（向大海）你这么只凭意气是不能交涉事情的。

鲁大海 哼，你们的手段，我都明白。你们这样拖延时候，不过是想去花钱收买少数不要脸的败类，暂时把我们骗在这儿。

周朴园 你的见地也不是没有道理。

鲁大海 可是你完全错了。我们这次罢工是团结的，有组织的，我们代表这次来，并不是来求你们。你听清楚，不求你们，你们答应就答应；不答应，我们一直罢工到底，我们知道你们不到两个月整个地就要关门的。

周朴园 你以为你们那些代表们，那些领袖们都可靠吗？

鲁大海 至少比你们只认识洋钱的结合要可靠得多。

周朴园 那么我给你一件东西看。

周朴园在桌上找电报，仆人递给他；此时周冲[①]偷偷由左书房进，在旁谛听。

周朴园 （给大海电报）这是昨天从矿上来的电报。

鲁大海 （拿过去读）什么？他们又上工了。（放下电报）不会，不会。

周朴园 矿上的工人已经在昨天早上复工，你当代表的反而不知道吗？

鲁大海 （惊，怒）怎么矿上警察开枪打死三十个工人就白打了么？（又看电报，忽然笑起来）哼，这是假的，你们自己假造的电报来离间我们的。（笑）哼，你们这种卑鄙无赖的行为！

周　萍 （忍不住）你是谁？敢在这儿胡说？

周朴园 萍儿！没有你的话。（低声向大海）你就这样相信你那同来的几个代表吗？

鲁大海 你不用多说，我明白你这些话的用意。

---

① 〔周冲〕周朴园和繁漪的儿子。

周朴园 好，那我把那复工的合同给你瞧瞧。

鲁大海 （笑）你不要骗小孩子，复工的合同没有我们代表的签字是不生效力的。

周朴园 哦，（向仆人）合同！（仆人由桌上拿合同递他）你看，这是他们三个人签字的合同。

鲁大海 （看合同）什么？（慢慢地，低声）他们三个人签了字。他们怎么会不告诉我，自己就签了字呢？他们就这样把我不理了。

周朴园 对了，傻小子，没有经验只会胡喊是不成的。

鲁大海 那三个代表呢？

周朴园 昨天晚车就回去了。

鲁大海 （如梦初醒）他们三个就骗了我了，这三个没有骨头的东西！他们就把矿上的工人们卖了。哼，你们这些不要脸的董事长，你们的钱这次又灵了。

周　萍 （怒）你混账！

周朴园 不许多说话。（回头向大海）鲁大海，你现在没有资格跟我说话——矿上已经把你开除了。

鲁大海 开除了?!

周　冲 爸爸，这是不公平的。

周朴园 （向周冲）你少多嘴，出去！

周冲愤然由中门下。

鲁大海 哦，好，好。（切齿）你的手段我早就领教过，只要你能弄钱，你什么都做得出来。你叫警察杀了矿上许多工人，你还——

周朴园 你胡说！

鲁侍萍 （至大海前）别说了，走吧。

鲁大海 哼，你的来历我都知道，你从前在哈尔滨包修江桥，故意叫江堤出险，——

周朴园 （厉声）下去！

仆人们 （拉大海）走！走！

鲁大海 （对仆人）你们这些混账东西，放开我。我要说，你故意淹死了两千二百个小工，每一个小工的性命你扣三百块钱！姓周的，你发的是绝子绝孙的昧心财！你现在还——

周　萍（忍不住气，走到大海面前，重重地打了他两个嘴巴）你这种混账东西！

大海立刻要还手，但是被周宅的仆人们拉住。

周　萍 打他！

鲁大海（向周萍高声）你，你！（正要骂，仆人一起打大海。大海头流血。侍萍哭喊着护大海）

周朴园（厉声）不要打人！

仆人们住手，仍拉住大海。

鲁大海（挣扎）放开我，你们这一群强盗！

周　萍（向仆人们）把他拉下去！

鲁侍萍（大哭起来）哦，这真是一群强盗！（走至周萍面前，抽咽）你是萍，——凭，——凭什么打我的儿子？

周　萍 你是谁？

鲁侍萍 我是你的——你打的这个人的妈。

鲁大海 妈，别理这东西，您小心吃了他们的亏。

鲁侍萍（呆呆地望着周萍的脸，忽而又大哭起来）大海，走吧，我们走吧！（抱着大海受伤的头哭）

（大海为仆人们拥下，侍萍亦下。）

思考与练习

预习作业

一、抄写下列词语，并给加点字注音。

袖襟　　窟窿　　汗涔涔　　卑鄙　　无赖

二、此话剧以 1925 年前后的中国社会为背景，描写了一个带有浓厚封建色彩的资产阶级家庭的悲剧。请仔细品读人物对话，简要总结周朴园的人物形象。

研读探究

三、鲁侍萍不止一次提到“命运”“不公平的命指使我来的！”“这是天要我在这又碰见你。”请阅读原文，试分析鲁侍萍有着怎样的命运。

四、根据文章内容选出合适答案。

下列选项中对《雷雨》中人物形象的表述不正确的一项是(　　)。

A. 周朴园是一个由封建地主转化而成的资本家，冷酷、虚伪、残忍、奸诈。

B. 鲁侍萍是一个受侮辱、被迫害的旧中国劳动妇女形象，正直、善良，有尊严。

C. 鲁大海是工人阶级的代表，但却明显地表现出社会经验不足，鲁莽、幼稚。

D. 周萍是一个具有双重性格的人物形象，叛逆、胆小、自爱、自律。

积累拓展

五、周朴园对鲁侍萍的四次发问，表现出情绪的不同变化，请根据人物对话与神态动作，简要描述一下周朴园心理的变化起伏。200 字左右。

荷花淀[1](节选)

孙犁[2]

学习提示

小说以冀中抗日根据地的广大人民群众斗争生活为背景，塑造了以水生嫂为代表的一群勤劳纯朴、通情达理而又勇敢机智、开朗向上的农村劳动妇女形象。本文表现了中华民族大无畏的英雄气概，反映了中华儿女在党的领导下崇高的爱国主义精神和英勇抗战的革命乐观主义精神。

作品的对话描写简洁朴素、生动传神，刻画人物栩栩如生，使读者如见其人、如闻其声。不仅如此，作者还形象地展示了人物丰富的内心世界，展示了白洋淀女人们的成长历程，展示白洋淀地区人民的人情美、人性美。

课　文

月亮升起来，院子里凉爽得很，干净得很。白天破好的苇眉子[3]潮润润的，正好编席。女人坐在小院当中，手指上缠绞着柔滑修长的苇眉子。苇眉子又薄又细，在她怀里跳跃着。

要问白洋淀有多少苇地，不知道；每年出多少苇子，也不知道。只晓得每年芦

---

[1] 《荷花淀》是作家孙犁创作的短篇小说，选自孙犁小说、散文集《白洋淀纪事》。《荷花淀》1945 年 5 月 15 日最初发表在延安《解放日报》的副刊上，写的是抗日战争最后阶段冀中人民的斗争生活。

[2] 孙犁，原名孙树勋，笔名林冬苹、孙芸夫。河北安平人。“荷花淀派”的开创者与代表作家。中国现代作家、散文家，历任天津日报社副刊科副科长、报社编委，中国作协天津分会主席，中国作协第四届顾问，第五、六届名誉副主席，中国文联荣誉委员。代表作品有《风云初记》《铁木前传》等。

[3] 〔苇眉子〕也叫“席篾儿”，把苇茎劈成又长又窄的细篾儿，供编席用。

花飘飞苇叶黄的时候，全淀的芦苇收割，垛起垛来，在白洋淀周围的广场上，就成了一条苇子的长城。女人们在场里院里编着席。编成了多少席？六月里，淀水涨满，有无数的船只运输银白雪亮的席子出口。不久，各地的城市村庄就全有了花纹又密又精致的席子用了。大家争着买："好席子，白洋淀席！"

这女人编着席。不久，在她的身子下面就编成了一大片。她像坐在一片洁白的雪地上，也像坐在一片洁白的云彩上。她有时望望淀里，淀里也是一片银白世界。水面笼起一层薄薄透明的雾，风吹过来，带着新鲜的荷叶荷花香。

但是大门还没关，丈夫还没有回来。

很晚丈夫才回来了。这年轻人不过二十五六岁，头戴一顶大草帽，上身穿一件洁白的小褂，黑单裤卷过了膝盖，光着脚。他叫水生，小苇庄的游击组长，党的负责人。今天领着游击组到区上开会去来。

女人抬头笑着问："今天怎么回来得这么晚？"站起来要去端饭。

水生坐在台阶上说："吃过饭了，你不要去拿。"

女人就又坐在席子上。她望着丈夫的脸，她看出他的脸有些红涨，说话也有些气喘。她问："他们几个哩？"

水生说："还在区上。爹哩？"

"睡了。"

"小华哩？"

"和他爷爷去收了半天虾篓[①]，早就睡了。他们几个为什么还不回来？"

水生笑了一下。女人看出他笑的不像平常。"怎么了，你？"

水生小声说："明天我就到大部队上去了。"

女人的手指震动了一下，想是叫苇眉子划破了手，她把一个手指放在嘴里吮了一下。

水生说："今天县委召集我们开会。假若敌人再在同口安上据点，那和端村就成了一条线，淀里的斗争形势就变了。会上决定成立一个地区队[②]。我第一个举手报了名的。"

---

① 〔虾篓(lǒu)〕一种用于捕捉虾的工具，通常由竹子或塑料制成，具有多个小孔，可以放置饵料以吸引虾类进入。

② 〔地区队〕中国共产党领导下的敌后地方人民武装队伍。

女人低着头说："你总是很积极的。"

水生说："我是村里的游击组长，是干部，自然要站在头里。他们几个也报了名。他们不敢回来，怕家里的人拖尾巴。公推我代表，回来和家里人说一说。他们全觉得你还开明一些。"

女人没有说话。过了一会，她才说："你走，我不拦你，家里怎么办？"

水生指着父亲的小房叫她小声一些，说："家里，自然有别人照顾。可是咱的庄子小，这一次参军的就有七个。庄上青年人少了，也不能全靠别人，家里的事，你就多做些，爹老了，小华还不顶事。"

女人鼻子里有些酸，但她并没有哭。只说："你明白家里的难处就好了。"

水生想安慰她。因为要考虑和准备的事情还太多，他只说了两句：

"千斤的担子你先担吧，打走了鬼子，我回来谢你。"

说罢，他就到别人家里去了，他说回来再和父亲谈。

鸡叫的时候，水生才回来。女人还是呆呆地坐在院子里等他，她说："你有什么话嘱咐①我吧！"

"没有什么话了，我走了，你要不断进步，识字，生产。"

"嗯。"

"什么事也不要落在别人后面！"

"嗯，还有什么？"

"不要叫敌人汉奸捉活的。捉住了要和他们拼命。"这才是那最重要的一句。女人流着眼泪答应了他。

第二天，女人给他打点好一个小小的包裹，里面包了一身新单衣，一条新毛巾，一双新鞋子。那几家也是这些东西，交水生带去。一家人送他出了门。父亲一手拉着小华，对他说：

"水生，你干的是光荣事情，我不拦你，你放心走吧。大人孩子我给你照顾，什么也不要惦记。"

全庄的男女老少也送他出来，水生对大家笑一笑，上船走了。

女人们到底有些藕断丝连。过了两天，四个青年妇女集在水生家里来，大家

---

① 〔嘱咐(zhǔ fù)〕告诉对方记住应该怎样，不应该怎样。

商量。

“听说他们还在这里没走。我不拖尾巴，可是忘下了一件衣裳。”

“我有句要紧的话，得和他说说。”

“听他说，鬼子要在同口安据点……”水生的女人说。

“哪里就碰得那么巧，我们快去快回来。”

“我本来不想去，可是俺婆婆非叫我再去看看他，有什么看头啊！”

于是这几个女人偷偷坐在一只小船上，划到对面马庄去了。

到了马庄，她们不敢到街上去找，来到村头一个亲戚家里。亲戚说：“你们来得不巧，昨天晚上他们还在这里，半夜里走了，谁也不知开到哪里去。你们不用惦记他们，听说水生一来就当了副排长，大家都是欢天喜地的……”

几个女人羞红着脸告辞出来，摇开靠在岸边上的小船。现在已经快到晌午了，万里无云，可是因为在水上，还有些凉风。这风从南面吹过来，从稻秧上苇尖吹过来。水面没有一只船，水像无边的跳荡的水银。

几个女人有点失望，也有些伤心，各人在心里骂着自己的狠心贼。可是青年人永远朝着愉快的事情想，女人们尤其容易忘记那些不痛快。不久，她们就又说笑起来了。

“你看，说走就走了。”

“可慌[①]哩，比什么也慌，比过新年，娶新——也没见他这么慌过！”

“拴马桩也不顶事了。”

“不行了，脱了缰了！”

“一到军队里，他一准得忘了家里的人。”

“那是真的。我们家里住过一些年轻的队伍，一天到晚仰着脖子出来唱，进去唱，我们一辈子也没那么乐过。等他们闲下来没有事了，我就傻想：该低下头了吧。你猜人家干什么？用白粉子在我家影壁上画上许多圆圈圈，一个一个蹲在院子里，托着枪瞄那个，又唱起来了！”

她们轻轻划着船，船两边的水，哗，哗，哗。顺手从水里捞上一棵菱角来，菱角还很嫩很小，乳白色，顺手又丢到水里去。那棵菱角就又安安稳稳浮在水面上生长去了。

---

① 〔慌〕方言，兴奋。

“现在你知道他们到了哪里?”

“管他哩！也许跑到天边上去了!”

她们都抬起头往远处看了看。

“哎呀！那边过来一只船。”

“哎呀！日本！你看那衣裳!”

“快摇!”

小船拼命往前摇。她们心里也许有些后悔,不该这么冒冒失失走来,也许有些怨恨那些走远了的人。但是立刻就想:什么也别想了,快摇,大船紧紧追过来了!

大船追得很紧。

幸亏是这些青年妇女,白洋淀长大的,她们摇得小船飞快。小船活像离开了水皮的一条打跳的梭鱼。她们从小跟这小船打交道,驶起来就像织布穿梭,缝衣透针一般快。

假如敌人追上了,就跳到水里去死吧!

后面大船来得飞快。那明明白白是鬼子！这几个青年妇女咬紧牙,制止住心跳,摇橹的手并没有慌,水在两旁大声地哗哗,哗哗,哗哗哗!

“往荷花淀里摇！那里水浅,大船过不去。”

她们奔着那不知道有几亩大小的荷花淀去,那一望无边际的密密层层的大荷叶迎着阳光舒展开,就像铜墙铁壁一样。粉色荷花箭①高高地挺出来,是监视白洋淀的哨兵吧!

她们向荷花淀里摇,最后,努力地一摇,小船窜进了荷花淀。几只野鸭扑楞楞②飞起,尖声惊叫,掠着水面飞走了。就在她们的耳边响起一排枪!

整个荷花淀全震荡起来。她们想,陷在敌人的埋伏里了,一准要死了,一齐翻身跳到水里去。渐渐听清楚枪声只是向着外面,她们才又扒着船帮露出头来。她们看见不远的地方,那宽厚肥大的荷叶下面,有一个人的脸,下半截身子长在水里。荷花变成人了？那不是我们的水生吗？又往左右看去,不久各人就找到了各人丈

① 〔荷花箭〕指荷花的花苞,像箭头一样顶在花梗上。

② 〔扑楞楞(lēng lēng)〕是一个象声词,常用来形容翅膀抖动的声音,如鸟儿拍打翅膀起飞时发出的声音。

夫的脸，啊，原来是他们！

但是那些隐蔽在大荷叶下面的战士们，正在聚精会神瞄着敌人射击，半眼也没有看她们。枪声清脆，三五排枪过后，他们投出了手榴弹，冲出了荷花淀。

手榴弹把敌人那只大船击沉，一切都沉下去了。水面上只剩下一团烟硝火药气味。战士们就在那里大声欢笑着，打捞战利品。他们又开始了沉到水底捞出大鱼来的拿手戏。他们争着捞出敌人的枪支、子弹带，然后是一袋子一袋子叫水浸透了的面粉和大米。水生拍打着水去追赶一个在水波上滚动的东西——是一盒用精致纸盒装着的饼干。

妇女们带着浑身水，又坐到她们的小船上去了。

水生追回那个纸盒子，一只手高高举起，一只手用力拍打着水，好使自己不沉下去。对着荷花淀吆喝：

“出来吧，你们！”

好像带着很大的气。

她们只好摇着船出来。忽然从她们的船底下冒出一个人来，只有水生的女人认得那是区小队的队长。这个人抹一把脸上的水，问她们：

“你们干什么去来呀？”

水生的女人说：“又给他们送了一些衣裳来！”

小队长回头对水生说：“都是你村的？”

“不是她们是谁，一群落后分子！”说完，把纸盒顺手丢在女人们船上，一泅[①]，又沉到水底下去了，到很远的地方才钻出来。

小队长开了个玩笑，他说：“你们也没有白来，不是你们，我们的伏击不会这么彻底。可是，任务已经完成，该回去晒晒衣裳了。情况还紧得很！”

战士们已经把打捞出来的战利品，全装在他们的小船上，准备转移。一人摘了一片大荷叶顶在头上，抵挡正午的太阳。几个青年妇女把掉在水里又捞出来的小包裹丢给了他们。战士们的三只小船就奔着东南方向，箭一样飞去，不久就消失在中午水面上的烟波里。

几个青年妇女划着她们的小船赶紧回家，一个个像落水鸡似的。一路走着，因过于刺激和兴奋，她们又说笑起来。

---

① 〔泅(qiú)〕浮水。

坐在船头脸朝后的一个噘[1]着嘴说:“你看他们那个横样子,见了我们爱搭理不搭理的!”

“啊,好像我们给他们丢了什么人似的。”

她们自己也笑了,今天的事情不算光彩,可是——

“我们没枪,有枪就不往荷花淀里跑,在大淀里就和鬼子干起来!”

“我今天也算看见打仗了。打仗有什么出奇?只要你不着慌,谁还不会趴在那里放枪呀!”

“打沉了,我也会凫水[2]捞东西,我管保比他们水式[3]好,再深点儿我也不怕!”

“水生嫂,回去我们也成立队伍,不然以后还能出门吗!”

“刚当上兵就小看我们,过二年,更把我们看得一钱不值了。谁比谁落后多少呢!”

这一年秋季,她们学会了射击。冬天,打冰夹鱼的时候,她们一个个登在流星一样的冰船上,来回警戒。敌人“围剿”[4]那百顷大苇塘的时候,她们配合子弟兵作战,出入在那芦苇的海里。

1945 年于延安

思考与练习

预习作业

一、抄写下列词语,并给加点字注音。

围剿　　凫水　　虾篓　　嘱咐　　扑楞楞

二、仔细阅读水生夫妻的对话部分,并画出有关水生嫂行动描写的句子。思考这段对话体现了水生嫂怎样的心理,表现了怎样的性格特点?

研读探究

三、《荷花淀》是最集中体现作者孙犁追求美的极致的战争小说,是一篇真正的

---

① 〔噘(juē)〕翘起(嘴唇)。

② 〔凫(fú)水〕意思是泅水,游水,游泳。

③ 〔水式〕水性。

④ 〔围剿(jiǎo)〕包围起来剿灭。

纯美小说。请分析文章在写战争场面时语言有什么样的特点。

四、本文的景物描写主要有三处。一处是开头部分对小院子及白洋淀夜景的描写。第二处是写妇女们寻夫不着回来时候的淀上风光。第三处景物描写，是妇女们把船摇入荷花淀时。请试着分析这些景物的特点以及作用。

1. 她像坐在一片洁白的雪地上，也像坐在一片洁白的云彩上。她有时望望淀里，淀里也是一片银白世界。水面笼起一层薄薄透明的雾，风吹过来，带着新鲜的荷叶荷花香。

2. 现在已经快到晌午了，万里无云，可是因为在水上，还有些凉风。这风从南面吹过来，从稻秧上苇尖吹过来。水面没有一只船，水像无边的跳荡的水银。

3. 她们奔着那不知道有几亩大小的荷花淀去，那一望无边际的密密层层的大荷叶迎着阳光舒展开，就像铜墙铁壁一样。粉色荷花箭高高地挺出来，是监视白洋淀的哨兵吧！

积累拓展

五、学生研讨：试以水生嫂和祥林嫂为例，说说时代变迁对妇女命运的影响。

项　链①

莫泊桑②

学习提示

故事讲述了这样一个故事：小公务员的妻子玛蒂尔德为参加一次晚会，向朋友借了一串钻石项链来炫耀自己的美丽。不料，项链在回家途中不慎丢失。她只得借钱买了新项链还给朋友。为了偿还债务，她节衣缩食，为别人打短工，整整劳苦了十年。最后，得知所借的项链原是一串假钻石项链。

《项链》采用了以物写人的手法，将项链作为一条主线，从它与人物的多重关系出发，用它牢牢系住人物的行为、语言和心理活动，使读者透过项链一目了然地看清女主人公的形象。

课　文

世上有这样一些女子，面庞儿好，丰韵也好，但被造化安排错了，生长在一个小职员的家庭里。她便是其中的一个。她没有陪嫁财产，没有可以指望得到的遗产，没有任何方法可以使一个有钱有地位的男子来结识她，了解她，爱她，娶她；她只好任人把她嫁给了教育部的一个小科员。

---

① 《项链》是法国作家莫泊桑创作于1884年的短篇小说。本文选自《莫泊桑短篇小说选》（人民文学出版社2002年版）。赵少侯译，有改动。

② 莫泊桑（Maupassant，G. D，1850—1893），法国作家。1850年8月5日生于法国西北部诺曼底省的一个没落贵族家庭。莫泊桑的文学成就以短篇小说最为突出，有世界短篇小说巨匠的美称。他擅长从平凡琐屑的事物中截取富有典型意义的片段，以小见大地概括出生活的真实。主要作品有《羊脂球》《一家人》《一生》《俊友》等。

她没钱打扮，因此很朴素；但是心里非常痛苦，犹如贵族下嫁的情形；这是因为女子原就没有什么一定的阶层或种族，她们的美丽、她们的娇艳、她们的丰韵就可以作为她们的出身和门第。她们中间之所以有等级之分，仅仅是靠了她们天生的聪明、审美的本能和脑筋的灵活，这些东西就可以使百姓家的姑娘和最高贵的命妇并驾齐驱。

她总觉得自己生来是为享受各种讲究豪华生活的，因而无休止地感到痛苦。住室是那样简陋，壁上毫无装饰，椅凳是那么破旧，衣衫是那么丑陋，她看了都非常痛苦。这些情形，如果不是她而是她那个阶层的另一个妇人的话，可能连理会都没有理会到，但给她的痛苦却很大，并且使她气愤填胸。她看了那个替她料理家务的布列塔尼[1]省的小女人，心中便会产生许多忧伤的感慨和想入非非的幻想。她会想到四壁蒙着东方绸、青铜高脚灯照着、静悄悄的接待室；她会想到接待室里两个穿短裤长袜的高大男仆如何被暖气管闷人的热度催起了睡意，在宽大的靠背椅里昏然睡去。她会想到四壁蒙着古老丝绸的大客厅，上面陈设着珍贵古玩的精致家具和那些精致小巧、香气扑鼻的内客厅，那是专为午后五点钟跟最亲密的男友娓娓清谈的地方，那些朋友当然都是所有的妇人垂涎不已[2]、渴盼青睐[3]、多方拉拢的知名之士。

每逢她坐到那张三天未洗桌布的圆桌旁去吃饭，对面坐着的丈夫揭开盆盖，心满意足地表示："啊！多么好吃的炖肉！世上哪有比这更好的东西……"的时候，她便想到那些精美的筵席[4]、发亮的银餐具和挂在四壁的壁毯，毯上面织着古代人物和仙境森林中的异鸟珍禽；她也想到那些盛在名贵盘碟里的佳肴[5]；她也想到一边吃着粉红色的鲈鱼肉或松鸡的翅膀，一边带着莫测高深的微笑听着男友低诉绵绵情话的情境。

她没有漂亮的衣装，没有珠宝首饰，总之，什么也没有。而她呢，爱的却偏偏就是这些；她觉得自己生来就是为享受这些东西的。她最希望的是能够讨男子们的喜欢，惹女人们的欣羡，风流动人，到处受欢迎。

---

① 〔布列塔尼〕法国西部靠海的一个省区。雇用这个地方的人，付的工资比较少。

② 〔垂涎(xián)不已〕比喻十分贪婪，渴望得到别人的好东西。

③ 〔青睐(lài)〕指重视、欣赏某个人或某件事物，通常含有好感或喜欢的意味。

④ 〔筵(yán)席〕指宴饮时陈设的座位，借指酒席。

⑤ 〔佳肴(yáo)〕意思是上等的精致可口的饭菜或味道鲜美的食品。

她有一个有钱的女友[①]，那是学校读书时的同学，现在呢，她再也不愿去看望她了，因为每次回来她总感到非常痛苦。她会伤心、懊悔、绝望、痛苦得哭好几天。

可是有一天晚上，她的丈夫回家的时候手里拿着一个大信封，满脸得意之色。

“拿去吧！”他说，“这是专为你预备的一样东西。”

她赶忙拆开了信封，从里面抽出一张请帖，上边印着：

教育部部长乔治·朗蓬诺暨夫人，恭请罗瓦赛尔先生与夫人于一月十八日（星期一）光临本部大厦，参加晚会。

她并没有像她丈夫所希望的那样欢天喜地，反而赌气把请帖往桌上一丢，咕哝着说：

“我要这个干什么？你替我想想。”

“可是，我的亲爱的，我原以为你会很高兴的。你从来也不出门做客，这可是一个机会，并且是一个千载难逢的机会！我好不容易才弄到这张请帖。大家都想要，很难得到，一般是不大肯给小职员的。在那儿你可以看见所有那些官方人士。”

她眼中冒着怒火瞪着他，最后不耐烦地说：

“你可叫我穿什么到那儿去呢？”

这个，他却从未想到；他于是吞吞吐吐地说：

“你上戏园穿的那件衣服呢？照我看，那件好像就很不错……”

他说不下去了，他看见妻子已经在哭了，他又是惊奇又是慌张。两大滴眼泪从他妻子的眼角慢慢地向嘴角流下来；他结结巴巴地问：

“你怎么啦？你怎么啦？”

她使了一个狠劲儿把苦痛压了下去，然后一面擦着眼泪沾湿的两颊，一面用一种平静的语调说：

“什么事也没有。不过我既没有衣饰，当然不能去赴会。有哪位同事的太太能比我有更好的衣衫，你就把请帖送给他吧。”

他感到很窘，于是说道：

“玛蒂尔德，咱们来商量一下。一套过得去的衣服，一套在别的机会还可以穿的、十分简单的衣服得用多少钱？”

她想了几秒钟，心里盘算了一下钱数，同时也考虑到提出怎样一个数目才不致

① 〔一个有钱的女友〕指下文的福雷斯蒂埃太太。

当场遭到这个俭朴的科员的拒绝，也不致把他吓得叫出来。

她终于吞吞吐吐地说了："我也说不上到底要多少钱；不过有四百法郎，大概也就可以办下来了。"

他脸色有点发白，因为他正巧积攒[①]下这样一笔款子打算买一支枪，夏天好和几个朋友一道打猎作乐，星期日到南泰尔平原去打云雀。

不过他还是这样说了：

"好吧。我就给你四百法郎。可是你得好好想法子做件漂漂亮亮的衣服。"

晚会的日子快到了，罗瓦赛尔太太却好像很伤心，很不安，很忧虑。她的衣服可是已经齐备了。有一天晚上她的丈夫问她：

"你怎么啦？三天以来你的脾气一直是这么古怪。"

"我心烦，我既没有首饰，也没有珠宝，身上任什么也戴不出来，实在是太寒碜[②]了。我简直不想参加这次晚会了。"

他说：

"你可以戴几朵鲜花呀。在这个季节里，这是很漂亮的。花上十个法郎，你就可以有两三朵十分好看的玫瑰花。"

这个办法一点也没有把她说服。

"不行……在那些阔太太中间，显出一副穷酸相，再没有比这更丢脸的了。"

她的丈夫突然喊了起来：

"你可真算是糊涂！为什么不去找你的朋友福雷斯蒂埃太太，跟她借几样首饰呢？拿你跟她的交情来说，是可以开口的。"

她高兴地叫了起来：

"这倒是真的。我竟一点儿也没想到。"

第二天她就到她朋友家里，把自己的苦恼讲给她听。

福雷斯蒂埃太太立刻走到她的带镜子的大立柜跟前，取出一个大首饰箱，拿过来打开之后，便对罗瓦赛尔太太说：

"挑吧！亲爱的。"

---

① 〔积攒(zǎn)〕意思为一点一点地聚集，近义词为积累。

② 〔寒碜(chen)〕意思是形象差，不好看；丢人，有失体面；使受嘲笑或愚弄。

她首先看见的是几只手镯，再便是一串珍珠项链，一个威尼斯制的镶嵌[①]珠宝的金十字架，做工极其精细。她戴了这些首饰对着镜子左试右试，犹豫不定，舍不得摘下来还给主人。她嘴里还老是问：

"你再没有别的了？"

"有啊。你自己找吧。我不知道你都喜欢什么？"

忽然她在一个黑缎子的盒里发现一串非常美丽的钻石项链；一种过分强烈的欲望使她的心都跳了。她拿起它的时候手也直哆嗦[②]。她把它戴在颈子上，衣服在外面，对着镜中的自己看得出了神。

然后她心里十分焦急，犹豫不决地问道：

"你可以把这个借给我吗？我只借这一样。"

"当然可以啊。"

她一把搂住了她朋友的脖子，亲亲热热地吻了她一下，带着宝贝很快就跑了。

晚会的日子到了。罗瓦赛尔太太非常成功。她比所有的女人都美丽，又漂亮又妩媚[③]，脸上总带着微笑，快活得几乎发狂。所有的男子都盯着她，打听她的姓名，求人给介绍。部长办公室的人员全都要跟她合舞。部长也注意了她。

她已经陶醉在欢乐之中，什么也不想，只是兴奋地、发狂地跳舞。她的美丽战胜了一切，她的成功充满了光辉，所有这些人都对自己殷勤献媚、阿谀[④]赞扬、垂涎欲滴；妇人心中认为最甜美的胜利已完完全全握在手中，她便在这一片幸福的云中舞着。

她在早晨四点钟才离开。她的丈夫从十二点起就在一间没有人的小客厅里睡着了。客厅里还躺着另外三位先生，他们的太太也正在尽情欢乐。

他怕她出门受寒，把带来的衣服披在她的肩上，那是平日穿的家常衣服，那一种寒碜气和漂亮的舞装是非常不相称的。她马上感觉到这一点，为了不叫旁边的那些裹在豪华皮衣里的太太们注意，她就急着想要跑出大门。

罗瓦赛尔还拉住她不让走：

"你等一等啊。到外面你要着凉的。我去叫一辆马车吧。"

---

① 〔镶嵌（xiāng qiàn）〕指将一个物体嵌入另一个物体中，使二者固定；也指以物嵌入，作为装饰。

② 〔哆嗦（duō suo）〕意思是身体不由自主地颤动。

③ 〔妩媚（wǔ mèi）〕是指女子娇柔美丽可爱的样子。后来也引申指风景优美动人。

④ 〔阿谀（ē yú）〕指说别人爱听的话，迎合奉承。迎合别人的意思，说好听的话，含贬义。

不过她并不听他这套话，很快地走下了楼梯。等他们到了街上，那里并没有出租马车；他们于是就找起来，远远看见马车走过，他们就追着向车夫大声喊叫。

他们向塞纳河①一直走下去，浑身哆嗦，非常失望。最后在河边找到了一辆夜里做生意的旧马车，这种马车在巴黎只有在天黑了以后才看得见，它们是那么寒碜，白天出来好像会害羞似的。

这辆车一直把他们送到殉道者街，他们的家门口，他们凄凄凉凉地爬上楼回到自己家里。在她说来，一切已经结束。他呢，他想到的是十点钟就该到部里去办公。

她褪下了披在肩上的衣服，那是对着大镜子褪的，为的是再一次看看笼罩在光荣中的自己。但是她忽然大叫一声。原来颈子上的项链不见了。

她的丈夫这时衣裳已经脱了一半，便问道：

"你怎么啦？"

她已经吓得发了慌，转身对丈夫说：

"我……我……我把福雷斯蒂埃太太的项链丢了。"

他惊惶失措地站起来：

"什么！……怎么！……这不可能！"

他们于是在裙子的褶层里、大氅②的褶层里、衣袋里到处都搜寻一遍。哪儿也找不到。

他问：

"你确实记得在离开舞会的时候还戴着吗？"

"是啊，在部里的前厅里我还摸过它呢。"

"不过如果是在街上失落的话，掉下来的时候，我们总该听见响声啊。大概是掉在车里了。"

"对，这很可能。你记下车子的号头了吗？"

"没有。你呢，你也没有注意号头？"

"没有。"

他们你看我，我看你，十分狼狈地看着。最后罗瓦赛尔重新穿好了衣服，他说：

"我先把我们刚才步行的那一段路再去走一遍，看看是不是能够找着。"

---

① 〔塞纳河〕法国西北部的一条河，流经巴黎，把巴黎分成南、北两部分。

② 〔大氅（chǎng）〕大衣。

说完他就走了。她呢，连上床去睡的气力都没有了，就这么穿着赴晚会的新装倒在一张椅子上，既不生火也不想什么。

七点钟丈夫回来了。他什么也没找到。

他随即又到警察厅和各报馆，请他们代为悬赏寻找，他又到出租小马车的各车行，总之凡是有一点希望的地方他都去了。

她呢，整天地等候着；面对这个可怕的灾难她一直处在又惊又怕的状态中。

罗瓦赛尔傍晚才回来，脸也瘦削①了，发青了；什么结果也没有。他说：

"只好给你那朋友写封信，告诉她你把链子的搭扣弄断了，现在正找人修理。这样我们就可以有应付的时间。"

他说她写，把信写了出来。

过了一星期，他们已是任何希望都没有了。

罗瓦赛尔一下子老了五岁，他说：

"只好想法买一串赔她了。"

第二天，他们拿了装项链的盒子，按照盒里面印着的字号，到了那家珠宝店。珠宝商查了查账说：

"太太，这串项链不是在我这儿买的，只有盒子是在我这儿配的。"

他们于是一家一家地跑起珠宝店来，凭着记忆要找一串和那串一式无二的项链；两个人连愁带急眼，看要病倒了。

在王宫附近一家店里他们找到了一串钻石的项链，看来跟他们寻找的完全一样。这件首饰原值四万法郎，但如果他们要的话，店里可以减价，三万六可脱手。

他们要求店主三天之内先不要卖它。他们并且谈妥条件，如果在二月底以前找着了那个原物，这一串项链便以三万四千法郎作价由店主收回。

罗瓦赛尔手边有他父亲遗留给他的一万八千法郎。其余的便需借了。

他于是借起钱来，跟这个人借一千法郎，跟那个人借五百，这儿借五个路易②，那儿借三个。他签了不少借约，应承了不少足以败家的条件，而且和高利贷者以及种种放债图利的人打交道。他葬送了他整个下半辈子的生活，不管能否偿还，他就冒险乱签借据。他既害怕未来的忧患，又怕即将压在身上的极端贫困，也怕各种物

---

① 〔瘦削(xuē)〕形容身体或脸很瘦。

② 〔路易〕法国当地的货币名，1路易等于20法郎。

质缺乏和各种精神痛苦的远景；他就这样满怀着恐惧，把三万六千法郎放到那个商人的柜台上，取来了那串新的项链。

等罗瓦赛尔太太把首饰给福雷斯蒂埃太太送回去时，这位太太神气很不痛快地对她说：

“你应该早点儿还我呀，因为我也许要戴呢。”

她并没有打开盒子来看，她的朋友担心害怕的就是她当面打开。因为如果她发现了掉包，她会怎么想呢？会怎么说呢？难道不会把她当作窃盗吗？

罗瓦赛尔太太尝到了穷人的那种可怕生活。好在她早已一下子英勇地拿定了主意。这笔骇人听闻①的债务是必须清偿的。因此，她一定要把它还清。他们辞退了女仆，搬了家，租了一间紧挨屋顶的顶楼。

家庭里的笨重活，厨房里的腻人的工作，她都尝到了个中的滋味。碗碟锅盆都得自己洗刷，在油腻的盆上和锅子底儿上她磨坏了她那玫瑰色的手指甲。脏衣服、衬衫、抹布也都得自己洗了晾在一根绳上。每天早上她必须把垃圾搬到街上，并且把水提到楼上，每上一层楼都要停一停喘喘气。她穿得和平常老百姓的女人一样，手里挎着篮子上水果店，上杂货店，上猪肉店，对价钱是百般争论，一个铜子一个铜子地保护她那一点可怜的钱，这就难免挨骂。

每月都要还几笔债，有一些则要续期，延长偿还的期限。

丈夫傍晚的时候替一个商人去誊写②账目；夜里常常替别人抄写，抄一页挣五个铜子。

这样的生活过了十年。

十年之后，他们把债务全部还清，确实是全部还清了，不但高利贷的利息，就是利滚利的利息也还清了。

罗瓦赛尔太太现在看上去是老了。她变成了穷苦家庭里的敢做敢当的妇人，又坚强，又粗暴。头发从不梳光，裙子歪系着，两手通红，高嗓门说话，大盆水洗地板。不过有几次当她丈夫还在办公室办公的时候，她一坐到窗前，总还不免想起当年那一次晚会，在那次舞会上她曾经是那么美丽，那么受人欢迎。

如果她没有丢失那串项链，今天又该是什么样子？谁知道？谁知道？生活多

---

① 〔骇（hài）人听闻〕指事出怪诞，听起来令人害怕。

② 〔誊（téng）写〕指照底稿抄写。

么古怪！多么变化莫测！只需微不足道的一点小事就能把你断送或者把你拯救出来！

且说有一个星期天，她上大街去散步，劳累了一星期，她要消遣一下。正在此时，她忽然看见一个妇人带着孩子在散步。这个妇人原来就是福雷斯蒂埃太太，还是那么年轻，那么美丽，那么动人。

罗瓦赛尔太太感到非常激动。去跟她说话吗？当然要去。既然债务都已经还清了，她可以把一切都告诉她。为什么不可以呢？

她于是走了过去。

“您好，让娜。”

对方一点也认不出她来了，被这个民间女人这样亲密地一叫觉得很诧异[①]，便吞吞吐吐地说：

“可是……太太！……我不知道……您大概认错人了吧。”

“没有。我是玛蒂尔德·罗瓦赛尔。”

她的朋友喊了起来：

“哎哟！……是我的可怜的玛蒂尔德吗？你可变了样儿啦！……”

“是的，自从那一次跟你见面之后，我过的日子可艰难啦，不知遇见多少危急穷困……而这一切都是因为你！……”

“因为我……那是怎么回事啊？”

“你还记得你借给我赴部里晚会去的那串钻石项链吧。”

“是啊。那又怎样呢？”

“那又怎样！我把它丢了。”

“那怎么会呢！你不是给我送回来了吗？”

“我给你送回的是跟原物一式无二的另外一串。这笔钱我们整整还了十年。你知道，对我们说来这可不是容易的事，我们是任什么也没有的……现在总算还完了，我太高兴了。”

福雷斯蒂埃太太站住不走了。

“你刚才说，你曾买了一串钻石项链赔我那一串吗？”

“是的。你没有发觉这一点吧，是不是？两串原是完全一样的。”

---

① 〔诧(chà)异〕形容觉得奇怪。

说完她脸上显出了微笑，因为她感到一种足以自豪的、天真的快乐。

福雷斯蒂埃太太非常激动，抓住了她的两只手。

“哎哟！我的可怜的玛蒂尔德！我那串是假的呀。顶多也就值上五百法郎！……”

思考与练习

预习作业

一、抄写下列词语，并给加点字注音。

青睐　　筵席　　瘦削　　大氅　　誊写　　佳肴

积攒　　寒碜　　镶嵌　　哆嗦　　妩媚　　阿谀

骇人听闻　　垂涎不已

二、请结合《项链》的情节分析玛蒂尔德的悲剧是如何一步步形成的。

研读探究

三、结合文章人物描写简述《项链》中玛蒂尔德这一人物的性格特点。

四、根据文章内容，完成下列题目。

1.《项链》的作者是哪位法国作家？（　　）

A. 雨果

B. 巴尔扎克

C. 莫泊桑

D. 左拉

2. 玛蒂尔德在舞会上丢失的项链是用什么材料制成的？（　　）

A. 钻石

B. 珍珠

C. 黄金

D. 银

3. 在故事的结尾，玛蒂尔德得知了什么真相？（　　）

A. 她借的项链是假的

B. 她借的项链是真品

C. 她自己的项链是假的

D. 她自己的项链是真品

积累拓展

五、请从社会和个人两个层面分析《项链》中玛蒂尔德悲剧的根源并思考《项链》这个故事给你带来了哪些启示。

知识拓展

病句类型

一、什么是病句

病句是指在语法修辞或逻辑上有毛病的句子。凡是违反语法结构规律或客观事理的句子都是病句，前者叫语法错误，后者叫逻辑错误。

二、常见的病句类型

（一）语序不当

1. 定语位置不当

例如：我国棉花的生产，长期不能自给。

解释：定语与中心语位置颠倒。

修改：我国生产的棉花，长期不能自给。

2. 状语位置不当

例如：在社会主义建设事业中，应该发挥广大知识分子充分的作用。

解释：状语“充分”错放在定语的位置，应该将之放在“发挥”之前。

修改：在社会主义建设事业中，应该充分发挥广大知识分子的作用。

3. 虚词位置不当

（1）副词“不”位置不当

例如：如果趁现在不赶快检查一下教学工作，眼前的学生就教不好。

解释：“不”应移至“趁”字前。

修改：如果不趁现在赶快检查一下教学工作，眼前的学生就教不好。

(2)关联词语位置不当

例如：不但他好好学习，还帮助其他同学打扫卫生。

解释："他"应移至"不但"前。

修改：他不但好好学习，还帮助其他同学打扫卫生。

(3)介词位置不当

例如：科学家忙于做实验，把动物用绳子绑在桌腿上。

解释："把"字短语应紧挨动词中心语"缚"。

修改：科学家忙于做实验，用绳子把动物绑在桌腿上。

(二)搭配不当

1. 主语和谓语搭配不当

例如：报晓的公鸡是集合的信号。

解释：主语"公鸡"与宾语"信号"搭配不当。

修改：公鸡的报晓是集合的信号。

2. 动语和宾语搭配不当

例如：我们主张由浅入深、循序渐进的方法。

解释：动语"主张"与宾语"方法"搭配不当，"主张"只能带谓词性宾语。

修改：我们采取由浅入深、循序渐进的方法。

3. 定语、状语、补语、中心语搭配不当

例如：我们要注意团结跟自己合不来、看不惯的同事。

解释：状语"跟自己"与中心语"合不来"可以搭配，但与"看不惯"不能搭配。

修改：我们要注意团结跟自己合不来、自己看不惯的同事。

4. 联合短语中一部分与配对成分搭配不当

例如：晚会上强烈的音乐节奏和迷离闪烁的灯光效果，让人眼花缭乱。

解释："音乐节奏"和"眼花缭乱"不能搭配。

修改：晚会上强烈的音乐节奏和迷离闪烁的灯光效果，让人心烦意乱。

(三)成分残缺和赘余

1. 主语残缺

例如：关于电视剧《北京人在纽约》的评论已很多了。

解释:去掉“关于”,使句子主语出现。

修改:电视剧《北京人在纽约》的评论已很多了。

2.谓语残缺

例如:鲁迅在《祝福》中的祥林嫂是受封建礼教迫害的人物代表。

解释:缺少谓语。

修改:鲁迅在《祝福》中塑造的祥林嫂是受封建礼教迫害的人物代表。

3.宾语残缺

例如:近两年来,他们在全县推广了马河大队坚持的科学种田。

解释:缺少宾语。

修改:近两年来,他们在全县推广了马河大队坚持的科学种田的经验。

4.关联语残缺

例如:这次学术会,时间并不长,收获很大。

解释:缺少关联词。

修改:这次学术会,虽然时间并不长,但是收获很大。

5.赘余

例如:这句话的后面,包容了多么丰富的“无声”的潜台词啊。

解释:定语赘余。

修改:这句话的后面,包容了多么丰富的潜台词啊。

例如:小王做任何工作都是非常认真得很。

解释:补语赘余。

修改:小王做任何工作都非常认真。

(四)句式杂糅

例如:这办法又卫生,又方便,深受群众所喜爱。

解释:或说“深受群众喜爱”,或说“深为群众所喜爱”。

修改:这办法又卫生,又方便,深为群众所喜爱。

(五)含糊不清

1.歧义

例如:买苹果的时候,小个儿的孩子都不要。

解释:“小个儿的”可以理解为苹果小,也可以理解为孩子个头矮小,有歧义。

修改：买苹果的时候，小个儿的苹果孩子都不要。

2. 指代不明

例如：宋老大跟齐三久别重逢，谈得投机，他给他点上一支烟……

解释："他给他"有歧义。

修改：宋老大跟齐三久别重逢，谈得投机，宋老大给齐三点上一支烟……

（六）逻辑错误

1. 自相矛盾

例如：他是全部死难者中的幸免的一个。

解释："死难者"与"幸免"自相矛盾。

修改：他是全部人中唯一幸免的。

2. 并列不当

例如：农场决心提高粮食、棉花和经济作物的产量。

解释："粮食""棉花"从属于"经济作物"，不能并列。

修改：农场决心提高粮食、棉花等经济作物的产量。

3. 强加因果

例如：因为他偏科，所以他数理化的成绩一塌糊涂。

解释：后者是前者的具体表现，而不是结果。

修改：因为他不认真学习，所以他数理化的成绩一塌糊涂。

4. 主客颠倒

例如：爱迪生这个名字，对我们青年学生是不陌生的。

解释：主体、客体颠倒。

修改：我们青年学生对爱迪生这个名字是不陌生的。

5. 否定不当

例如：谁也不能否认优异的学习成绩不是靠勤奋学习得来的。

解释：有三重否定，全句表述的是否定的意思，与本意刚好相反。

修改：谁也不能否认优异的学习成绩是靠勤奋学习得来的。

6. 不合事理

例如：只要好好学习，就能考上好大学。

解释："好好学习"不是"考上好大学"的充分条件。

修改:只要好好学习,就能增加考上好大学的概率。

三、检查语病的方法

(一)朗读法

把句子念出来或默读几遍,通过视觉和听觉的双重感官参与,更容易判断出顺不顺口、顺不顺耳的地方,方便找出语病。

(二)简缩法

简缩法是先检查句子的“主干部分”,后检查句子的“枝叶”部分的方法。“主干”指句子的主语中心、谓语中心或者宾语中心。“枝叶”指的是附加成分。

(三)类比法

类比法是造一些与原句结构类似、词语性质相同的句子同原句比较,以判断原句是否正确的方法。

四、修改病句的注意事项

(一)分析与修改相结合

正确的分析是保证修改正确的前提。分析和修改是同步进行的,不能分开。

(二)修改要符合原意

符合原意就是要做到原句的意思不删,原句没有的意思也不添加。

(三)修改要保持原句的结构

汉语的语法结构是形式与意义的结合体,结构一旦变化,意思就相应发生改变,意义变化了,就不符合原意了。

(四)修改不要顾此失彼,出现新问题

修改句子的时候尽量照顾周全,不要改动一处影响另一处,以防出现新问题。

(五)小改比大改好

修改病句尽量少增少减,能调动语序就不改文字。

即时应用

1. 下列句子没有语病的一项是(　　)

A. 为了后代能遥望星空、荡舟碧波,我们应该坚持绿色生活理念,增强低碳生活方式。

B. 保护且了解我们的传统文化,是每个中国人不可推卸的责任。

C. 我们要积极响应政府“创建文明城市”，把江阴建设成一个美丽文明的城市。

D. 我们从母亲那里得到的不只是爱的抚慰，往往还有做人的道理、处事的态度。

【解析】A 项，搭配不当，“增强”和“生活方式”搭配错误，应把“增强”改为“选择”。B 项，语序不当，应该先“了解”，后“保护”，应该为“了解且保护”。C 项，成分残缺，应在逗号前加上“的号召”。

【答案】D

2. 下列句子没有语病的一项是(　　)

A. 上个月，我们参观学习了这所学校开展疫情防控的先进经验。

B. 手机行业的价格战日益惨烈，某品牌的价格甚至下降了一倍。

C. 观看了纪录片《泰山挑山工》，对我们青少年启发教育很大。

D. 这件事后，谁又能否认他是一位既有爱心又有才华的老师？

【解析】A 项，动宾搭配不当，“参观”的只能是看得见的“学校”，不能是“经验”。B 项，动补搭配不当，“下降”后面不能跟“倍数”。C 项，主语残缺，可删去“观看了”。

【答案】D

3. 下列句子没有语病的一项是(　　)

A. 市民是否能自觉遵守公共秩序，是城市文明程度提高的重要标志。

B. 去年国庆节期间，这种国产高清电视机的单位价格是每台 3 800 元。

C. 这本杂志，品评世俗，解读人生，起到针砭时弊、启迪世人的效果。

D. 这次展演的音乐作品，不仅数量多，而且题材广泛、形式风格多样。

【解析】A 项，两面对一面，应删去“是否”。B 项，“单位”和“每台”语义重复，应删去其一。C 项，动宾搭配不当，应为“起到……的作用”或者“达到……的效果”。

【答案】D

4. 下列句子没有语病的一项是(　　)

A. 回首过往的学习生活，我们再一次明确了这样的道理：勤奋、踏实是学习成败的关键。

B. 成熟的人考虑问题时，往往都以利益为出发点，并且依照经验保守行事。

C. 这家化工厂排出大量废气和噪声，严重污染了环境。

D. 通过老师和同学们的帮助，使我有了很大进步。

【解析】A 项，两面对一面，“勤奋、踏实”是学习成功的关键，不是失败的关键，应把“成败”改为“成功”。C 项，搭配不当，“噪声”与“排出”不搭，应把“和噪声”去掉。D 项，缺少主语，应去掉“通过”或者“使”。

【答案】B

5. 下列句子没有语病的一项是（　　）

A. 坚持从实际出发，是能否搞好工作的必要条件。

B. 我这次考不好的原因是因为我没有仔细审题。

C. 健身场所的不断增加、健身设施的日益完善，为广泛开展群众性体育活动提供了有利条件。

D. 复习中，不少同学存在时间安排不合理，复习不到位。

【解析】A 项，一面对两面，应删掉“能否”。B 项，句式杂糅，应删掉“的原因”或“因为”。D 项，成分残缺，可在句末加“的问题”。

【答案】C

6. 下列句子没有语病的一项是（　　）

A. 学校认真采纳和听取了同学们关于改善伙食的意见。

B. 对于云旅游这种新兴的旅游方式，超过 71%以上的采访者认为其存在过度美化之嫌。

C. 作文水平的高低，是衡量一个人语文能力强弱的重要标志之一。

D. “感动中国”展示的是一个国家的精神脊梁，彰显的是一个民族。

【解析】A 项，语序不当，“采纳”和“听取”应互换位置。B 项，语义重复，应删去“超过”或“以上”。D 项，成分残缺，可在“民族”后面加上“的集体意志”。

【答案】C

7. 下列句子没有语病的一项是（　　）

A. 浅浅的水面托起无数错落的石山、石壁，又折映出婆娑多姿。

B. 今年工厂的效益是近三年最好的一年。

C. 通过参观伍先华故居，我感受到革命先烈甘洒热血的英雄情怀。

D. 为了发挥自己的充分才能，他毅然回国，参加祖国的太空研究工作。

【解析】A 项，成分残缺，缺宾语，应在“婆娑多姿”后面加上“的影子”。B 项，主宾搭配不当，可将“一年”去掉。D 项，语序不当，“充分”应放到“发挥”的前面。

【答案】C

第三单元

中华民族有着悠久的历史，历经数千年，古圣先贤留下了许多优秀的作品。文言文作为中华文化的载体，凝结着中华民族几千年灿烂的文明，承载着从甲骨卜辞到明清小说的完整记忆链。从商周青铜器铭文中先民对天命的敬畏，到战国帛书上诸子百家的智慧激辩，再到唐宋文集中展现的盛世文人的精神图谱，穿越时空的隧道，与千年前的古人展开一场跨越时空的对话，领略中华传统文化的深厚底蕴与独特魅力。

历史长河中的文明解码。历史长河奔涌不息，文言文作为其中的文明密码，镌刻着岁月的记忆。它以独特的语言形式，承载着先辈们的哲思、情志与智慧，从治国安邦的谋略，到修身养性的准则，再到对世间万象的洞察，为我们解锁华夏文明的深厚底蕴与精神脉络。《劝学》中"不积跬步，无以至千里"的实践精神鞭策我们以日积月累的坚持实现自我超越。苏东坡以"寄蜉蝣于天地，渺沧海之一粟"的哲思，将三国烽烟化作对生命与永恒的叩问。赤壁江涛中翻滚的不只是历史烟云，也暗含"自其变者而观之，则天地曾不能以一瞬"的辩证智慧。

语言艺术的立体呈现。文言文堪称汉语美学的精粹标本，以独特的文字组合、精妙的语法结构，构建起一座绚丽的美学殿堂。《劝学》一篇中以"青，取之于蓝而青于蓝""冰，水为之而寒于水"的比喻链，构建起环环相扣的论证体系。韩愈在《师说》中痛斥"耻学于师"的时弊，其"句读之不知，惑之不解，或师焉，或不焉"的排比句式，如重锤叩击人心，至今仍是对教育异化的深刻警示。《赤壁赋》中"白露横江，水光接天"的写景，与"哀吾生之须臾，羡长江之无穷"的抒情浑然一体。

职业素养的隐形锻造。在看似与文言文距离遥远的职业领域，文言文也有着不可替代的独特价值。《劝学》中"锲而不舍，金石可镂"的工匠精神，是任何时代都不可或缺的职业品格。《师说》揭示的“闻道有先后，术业有专攻”的专业化分工理念，也为当代团队协作提供了古典智慧。而《赤壁赋》中“逝者如斯，而未尝往也”的变与不变之辨，启发我们在技术迭代中既要拥抱变革，又需坚守核心价值。

进入本单元，让我们在《赤壁赋》的江月清风中对话苏轼，在《师说》的谆谆教诲中聆听韩愈，在《劝学》的箴言警句间追随荀子的足迹，感受中华文脉的律动。

劝 学[1]

荀 子

学习提示

在先秦诸子百家中，荀子是一位思想独特且影响力深远的大家。他虽承继儒家的思想脉络，却不拘泥于传统，以广阔的视野和深邃的思考，融入了诸多法家、道家等学派的理念精华，形成了一套兼收并蓄、独具一格的思想体系。他深刻洞察到后天学习对于个体成长的关键意义。荀子主张，人的本性并非一成不变，而是能够在后天的环境熏陶与教育引导下实现转变，使人道德升华、智慧增长、少犯过错。《劝学》作为荀子思想的经典篇章，是论述学习问题的名篇。本篇课文选取其中一部分。

文章开宗明义，提出核心观点："学不可以已"——学习是永无止境的人生必修课。随后，荀子从学习的意义、作用、态度以及方法等多个维度展开深入论证，层层递进，逻辑严密。

荀子在这篇文章中使用了独特的论证手法，巧妙地运用大量比喻，将抽象的学习道理具象化，使其变得通俗易懂、生动形象。在设喻方式上，荀子更是别出心裁，既有单独设喻的简洁明快，也有反复设喻的强调突出，还有正反设喻的对比鲜明。这些丰富多样的设喻，为我们勾勒出一幅生动的学习图景，让我们在形象的比喻中深刻领会学习的真谛。此外，文章在语言上也极具特色。大量对偶和排比句的运

---

① 选自《荀子集解》卷一(中华书局 1988 年版)。劝，鼓励。《荀子》全书现存 32 篇，大部分为荀子自著，其余为荀子弟子记录的荀子言论和思想观点。荀子(约前 313—前 238)，名况，字卿，赵国人，战国末期思想家。

用，使文章兼具对称美与音乐美，读起来朗朗上口，节奏明快。

在研读这篇经典时，我们应着重领悟每个比喻背后的深刻含义以及它们之间千丝万缕的联系，从而汲取其中的智慧养分，照亮自己的学习之路。

课　文

君子[①]曰：学不可以已[②]。

青，取之于蓝[③]，而青于蓝[④]；冰，水为之，而寒于水。木直中绳[⑤]，輮[⑥]以为轮，其曲中规[⑦]。虽有槁暴[⑧]，不复挺[⑨]者，輮使之然也。故木受绳[⑩]则直，金[⑪]就砺[⑫]则利，君子博学而日参省乎己[⑬]，则知明[⑭]而行无过[⑮]矣。

吾尝终日而思矣，不如须臾[⑯]之所学也；吾尝跂[⑰]而望矣，不如登高之博见[⑱]也。登高而招，臂非加长也，而见者远[⑲]；顺风而呼，声非加疾[⑳]也，而闻者彰[㉑]。假[㉒]舆[㉓]

---

① 〔君子〕指有学问、有修养的人。

② 〔已〕停止。

③ 〔青，取之于蓝〕靛(diàn)蓝，从蓝草中取得。蓝，草名，又名蓼蓝，其叶可用于制作染料。

④ 〔青于蓝〕比蓝草颜色更深。于，比。

⑤ 〔中(zhòng)绳〕(木材)合乎拉直的墨线。绳：墨线。

⑥ 〔輮(róu)〕通"煣"，用火烘烤木材使之弯曲。

⑦ 〔规〕圆规，画圆的工具。

⑧ 〔虽有(yòu)槁暴(pù)〕即使又晒干了。有，通"又"。槁，枯。暴，同"曝"，晒干。

⑨ 〔挺〕直。

⑩ 〔受绳〕经墨线量过。

⑪ 〔金〕指金属制的刀剑等。

⑫ 〔就砺〕拿到磨刀石上去磨。砺，磨刀石。就，动词，接近，靠近。

⑬ 〔日参(cān)省(xǐng)乎己〕每天对照反省自己。日，每天。参，验、检查。省，省察。乎，介词，相当于"于"。

⑭ 〔知(zhì)明〕聪慧明达。知，通"智"，见识。明，明达。

⑮ 〔行无过〕行为没有过错。

⑯ 〔须臾(yú)〕片刻，一会儿。

⑰ 〔跂(qǐ)〕踮起脚后跟。

⑱ 〔博见〕看得广。

⑲ 〔见者远〕意思是远处的人也能看见。

⑳ 〔疾〕劲疾，这里指声音宏大。

㉑ 〔彰〕清楚，这里指听得更清楚。

㉒ 〔假〕借助，利用。

㉓ 〔舆〕车。

马者，非利足[①]也，而致[②]千里；假舟楫[③]者，非能水也，而绝[④]江河。君子生非异[⑤]也，善假于物[⑥]也。

积土成山，风雨兴焉[⑦]；积水成渊，蛟龙生焉；积善成德，而神明自得，圣心备焉[⑧]。故不积跬[⑨]步，无以至千里；不积小流，无以成江海。骐骥[⑩]一跃，不能十步；驽马十驾[⑪]，功在不舍[⑫]。锲[⑬]而舍之，朽木不折；锲而不舍，金石可镂[⑭]。蚓无爪牙之利，筋骨之强，上食埃土，下饮黄泉，用心一也[⑮]。蟹六跪[⑯]而二螯[⑰]，非蛇鳝之穴无可寄托[⑱]者，用心躁[⑲]也。

思考与练习

预习作业

一、抄写下列词语，并给加点的字注音。

木直中绳	虽有槁暴	金就砺则利	日参省乎己	知明而行无过
假舆车马者	假舟楫者	骐骥一跃	驽马十驾	跂而望矣
生非异也	不积跬步	金石可镂		

① 〔利足〕这里指脚步快，善于奔走。

② 〔致〕到达。

③ 〔舟楫〕船和桨。

④ 〔绝〕横渡。

⑤ 〔生(xìng)非异〕本性(同一般人)没有差别。生，通“性”，天赋，资质。

⑥ 〔物〕外物，这里指各种客观条件。

⑦ 〔兴焉〕就是“兴于此”，在这里兴起。兴，兴起。

⑧ 〔积善成德，而神明自得，圣心备焉〕积累善行养成(高尚的)品德，精神就能达到很高的境界，圣人的思想(也就)具备了。神明，非凡的智慧。得，获得。

⑨ 〔跬(kuǐ)步〕古代称跨出一脚为“跬”，跨出两脚为“步”。

⑩ 〔骐骥(qí jì)〕骏马，良马。

⑪ 〔驽马十驾〕意思是劣马拉车连走十天。驽马，劣马。驾，马拉车一天所走的路程称为“一驾”。

⑫ 〔功在不舍〕成功之处在于不停地走。舍，停。

⑬ 〔锲(qiè)〕刻。

⑭ 〔金石可镂(lòu)〕金，金属。石，石头。镂，雕刻。

⑮ 〔用心一也〕(这是)因为用心专一(的缘故)。用，以，因为。

⑯ 〔六跪〕蟹的六条腿。跪，脚。

⑰ 〔螯(áo)〕螃蟹等节肢动物身前的大爪，形如钳。

⑱ 〔寄托〕托身，安身。

⑲ 〔躁〕浮躁，不专心。

二、结合注释，流利朗读课文。

研读探究

三、《劝学》开篇提出“学不可以已”，请结合文章内容，说说荀子从哪几个方面论述了为什么“学不可以已”。

四、文章在论述学习的方法和态度时，运用了大量的比喻。分析以下比喻句在文中的作用。

1. 青，取之于蓝，而青于蓝。

2. 吾尝跂而望矣，不如登高之博见也。

3. 积土成山，风雨兴焉；积水成渊，蛟龙生焉。

五、荀子认为“君子生非异也，善假于物也”，这里的“物”具体指什么？文章是如何体现“善假于物”对学习的重要性的？

六、请选择下列句子中“而”字的用法。

A. 表转折　　B. 表修饰　　C. 表修饰　　D. 表并列　　E. 表顺接

1. 青，取之于蓝，而青于蓝（　　）

2. 吾尝终日而思矣（　　）

3. 而闻着彰（　　）

4. 蟹六跪而二螯（　　）

5. 吾从而师之（　　）

6. 而耻学于师（　　）

积累拓展

七、《劝学》强调了学习的重要性和方法，与我们现在倡导的终身学习理念有哪些相通之处和不同点？

八、背诵全文。

师　说①

韩　愈

学习提示

韩愈是唐代古文运动的倡导者与集大成者，被后世尊为“唐宋八大家”之首。中唐时期，他以“文以载道”为旗帜，主张恢复先秦两汉的散文传统，反对浮华空洞的文风。其文风雄健奇崛，如长江大河浩瀚千里，苏轼曾以“文起八代之衰，道济天下之溺”高度评价其文学与思想贡献。

韩愈的教育思想具有突破性，针对魏晋以来士大夫“耻学于师”的流弊，提出“圣人无常师”“弟子不必不如师”等观点。《师说》这篇不足六百字的短论以雷霆之势破除时俗偏见，以严密的逻辑论证重构师道尊严，既是古代教育思想的重要文献，更展现了韩愈文章“闳中肆外”的独特魅力。文中“师者，所以传道授业解惑也”的经典定义，至今仍为教育领域的重要准则。

文章以“古之学者必有师”开宗明义，通过三段递进式论证，构筑起“闻道为先，师道为尊”的认知体系。先以“人非生而知之”的普遍真理奠定逻辑根基，继而用圣人无常师的历史镜鉴消解身份偏见，最终揭示“弟子不必不如师”的辩证关系，完成对师道本质的哲学阐释。论证过程中，作者穿梭于古今时空，既有孔子师郯子等人的经典例证，又直面“士大夫之族耻相师”的现实困境，正反交锋间尽显思辨锋芒。

本文尤为精妙的是层叠而出的对比艺术：古之圣人与今之众人、童子习句读与成人求大道、巫医乐师与士大夫之族，多重对照剖开虚伪表象。排比句式如“生乎

① 选自《韩昌黎文集校注》(上海古籍出版社 1986 年版)。韩愈(768—824)，字退之，祖籍河北昌黎，世称“韩昌黎”，唐代文学家，唐代“古文运动”倡导者，与柳宗元并称“韩柳”。

吾前……生乎吾后”形成磅礴气势，使用顶针修辞“人非生而知之……孰能无惑”的论述环环相扣。这种文理交融的书写，既展现古文运动的实践成果，更使抽象哲理具象化为可触可感的文字景观。诵读之间，既能体味韩文“含英咀华”的语言特质，亦可感知其“挽狂澜于既倒”的思想力量。

课　文

古之学者①必有师。师者，所以传道受业解惑也②。人非生而知之者③，孰能无惑？惑而不从师，其为惑也④，终不解矣。生乎吾前⑤，其闻⑥道也固先乎吾，吾从而师之；生乎吾后，其闻道也亦先乎吾，吾从而师之⑦。吾师道⑧也，夫庸知其年之先后生于吾乎⑨？是故⑩无⑪贵无贱，无长无少，道之所存，师之所存⑫也。

嗟乎！师道⑬之不传也久矣！欲人之无惑也难矣！古之圣人，其出人⑭也远矣，犹且⑮从师而问焉；今之众人⑯，其下⑰圣人也亦远矣，而耻学于师⑱。是故圣益圣，愚益愚⑲。圣人之所以⑳为圣，愚人之所以为愚，其㉑皆出于此乎？爱其子，择师

---

① 〔学者〕求学的人。

② 〔师者，所以传道受业解惑也〕(是)用来传授道理，讲授学业，解答疑难问题的。者，助词，这里用在主语之后表示判断。所以，用来……的。受，通“授”，传授。

③ 〔人非生而知之者〕人不是生下来就懂得道理。知，懂得。之：指知识和道理。

④ 〔其为惑也〕它们作为疑惑。其，指示代词，那些。

⑤ 〔生乎吾前〕在我之前出生(的人)。乎，相当于“于”。

⑥ 〔闻〕知道，懂得。

⑦ 〔从而师之〕跟从他(并且)拜他为老师。师，意动用法，以……为师。

⑧ 〔师道〕学习(的是)道理。师，这里用作动词，学习。

⑨ 〔夫庸知其年之先后生于吾乎〕哪里用得着知道他的生年是比我早还是比我晚呢？夫，句首发语词。庸，岂，难道。

⑩ 〔是故〕所以。

⑪ 〔无〕无论。

⑫ 〔道之所存，师之所存〕知识、道理存在的(地方)，就是老师存在的(地方)。

⑬ 〔师道〕尊师学习的风尚。

⑭ 〔出人〕超出(一般)人。

⑮ 〔犹且〕尚且。

⑯ 〔众人〕常人，一般人。

⑰ 〔下〕低于，不及。

⑱ 〔耻学于师〕以向老师学习为耻。耻，意动用法，以……为耻。于，向。

⑲ 〔圣益圣，愚益愚〕因此圣人更加圣明，愚人更加愚昧。益，更加，越发。

⑳ 〔所以〕……的原因。

㉑ 〔其〕大概。

而教之；于其身[①]也，则耻师[②]焉，惑矣[③]。彼童子之师[④]，授之书而习其句读[⑤]者，非吾所谓传其道解其惑者也。句读之不知[⑥]，惑之不解，或师焉，或不焉[⑦]，小学而大遗[⑧]，吾未见其明也。巫医[⑨]乐师[⑩]百工[⑪]之人，不耻相师[⑫]。士大夫之族[⑬]，曰师曰弟子云者[⑭]，则群聚而笑之。问之，则曰："彼与彼年相若[⑮]也，道[⑯]相似也，位卑则足羞，官盛则近谀[⑰]。"呜呼！师道之不复[⑱]，可知矣。巫医乐师百工之人，君子不齿[⑲]，今其智乃[⑳]反[㉑]不能及，其可怪也欤[㉒]！

---

① 〔于其身〕对于他自己。身，自身，自己。

② 〔耻师〕以从师学习为耻。

③ 〔惑矣〕(真是)糊涂啊。

④ 〔彼童子之师〕那些教小孩子的(启蒙)老师。彼，那些。

⑤ 〔授之书而习其句读(dòu)〕教他读书，(帮助)学习其中的文句。之，指童子。习，使……学习。句读，读，通"逗"，句子中间需要稍稍停顿的地方，也叫句逗。古代称文辞意尽处为句，语意未尽而须停顿处为读(逗)，句号为圈，逗号为点。古代书籍上没有标点，老师教学童读书时要进行句逗的教学。

⑥ 〔句读之不知〕不通晓句读。之，宾语前置的标志。下文"惑之不解"的结构与之相同。

⑦ 〔或师焉，或不(fǒu)焉〕有的从师，有的不(从师)。不，通"否"。

⑧ 〔小学而大遗〕小的方面(即"句读之不知")学习了，大的方面(即"惑之不解")却放弃了。遗，丢弃，放弃。

⑨ 〔巫医〕古代巫和医不分。巫是以降神、祈祷等迷信活动为职业的人。

⑩ 〔乐师〕以演奏乐器为职业的人。

⑪ 〔百工〕各种工匠。

⑫ 〔不耻相师〕不以相互学习为耻。不耻，意动用法，不以……为耻。

⑬ 〔族〕类。

⑭ 〔曰师曰弟子云者〕称"老师"、称"弟子"等等。云者，语气助词，无义。

⑮ 〔相若〕相似，差不多。

⑯ 〔道〕这里指修养、学问。

⑰ 〔位卑则足羞，官盛则近谀(yú)〕以地位低的人为师就可羞，以官职高的人为师就近乎谄媚。足，可，够得上。盛，高，大。谀，阿谀，奉承。

⑱ 〔复〕恢复。

⑲ 〔不齿〕不屑一提，意思是看不起。

⑳ 〔乃〕竟。

㉑ 〔反〕反而。

㉒ 〔其可怪也欤(yú)〕难道不值得奇怪吗？其，语气副词，表示反问。欤，语气助词，这里表示感叹语气。

圣人无常[①]师。孔子师郯子[②]、苌弘[③]、师襄[④]、老聃[⑤]。郯子之徒[⑥]，其贤不及孔子。孔子曰："三人行，则必有我师[⑦]。"是故弟子不必[⑧]不如师，师不必贤于弟子。闻道有先后，术业有专攻[⑨]，如是而已。

李氏子蟠[⑩]，年十七，好古文，六艺经传[⑪]皆通[⑫]习之，不拘于时[⑬]，学于余。余嘉其能行古道[⑭]，作《师说》以贻[⑮]之。

思考与练习

预习作业

一、抄写下列词语，并给加点字注音。

句读之不知　　或师焉，或不焉　　官盛则近谀　　其可怪也欤

六艺经传皆通习之　　作《师说》以贻之　　师道之不传也久矣

嗟乎　　无长无少

二、结合文中所提供的注释，对文章的文意进行初步理解。随后，从原文中选取恰当内容，回答以下四个问题。

1. 作者认为老师的主要职责是什么。

---

① 〔常〕固定的。

② 〔郯(tán)子〕春秋时郯国(今山东郯城北)的国君，相传孔子曾向他请教关于官制的问题。

③ 〔苌(cháng)弘〕东周敬王时期大夫，相传孔子曾向他请教古乐。

④ 〔师襄〕春秋时鲁国的乐官，名襄，孔子曾向他学习弹琴。

⑤ 〔老聃(dān)〕即老子，春秋时楚国人，思想家，道家学派创始人。孔子曾向他请教礼仪。聃是老子的字。

⑥ 〔之徒〕这类人。

⑦ 〔三人行，则必有我师〕出自《论语·述而》："三人行，必有我师焉。"几个人走在一起，其中必定有可以当我老师的人。三人，泛指多数。

⑧ 〔不必〕不一定。

⑨ 〔术业有专攻〕学问和技艺上(各)有(各)专门研究。攻：学习、研究。

⑩ 〔李氏子蟠(pán)〕李家的孩子叫蟠的。李蟠，韩愈的弟子，唐德宗贞元十九年(803年)进士。

⑪ 〔六艺经传(zhuàn)〕六艺的经文和传文。六艺：指六经，即《诗》《书》《礼》《乐》《易》《春秋》六部儒家经典。传：注解经书的著作。

⑫ 〔通〕全面。

⑬ 〔不拘于时〕不受时俗的束缚。时，时俗，指当时士大夫中耻于从师的不良风气。于，被。

⑭ 〔嘉其能行古道〕赞许他能遵行古人从师学习的风尚。嘉：赞许，嘉奖。

⑮ 〔贻〕赠送。

2. 作者认为选择老师的标准是什么。

3. 作者批评了“士大夫之族”的哪些错误态度？

4. 作者引述孔子的言行得出了什么结论？

研读探究

三、本文运用了大量对比论证的方法，说理有力。以第二段为例，具体分析作者都是用哪些材料形成对比的。

四、分析第三段中“闻道有先后，术业有专攻”这一观点在当时有哪些进步意义？在今天是否还有借鉴作用？

五、辨析下列单字在句中的意思。

1. 师

(1)古之学者必有师

(2)吾从而师之

(3)吾师道也

(4)师道之不复

2. 传

(1)所以传道受业解惑也

(2)师道之不传也

(3)六艺经传皆通习之

3. 惑

(1)所以传道受业解惑也

(2)惑而不从师

(3)于其身也，则耻师焉。惑矣。

六、下列加点词语古今意义相同的一项是(　　)。

①古之学者必有师

②师者，所以传道受业解惑也

③今之众人，其下圣人也亦远矣

④小学而大遗，吾未见其明也

⑤弟子不必不如师，师不必贤于弟子

⑥年十七，好古文

A. 全不相同　　B. ②③⑤和现在的用法相同

C. 全都相同　　D. ①③⑥和现在的用法相同

七、下列句子中，加点的虚词意义和用法相同的一项是（　　）。

A. 欲人之无惑也难矣——道之所存，师之所存也

B. 三人行，则必有我师——于其身也，则耻师焉

C. 耻学于师——不拘于时，学于余

D. 其闻道也固先乎吾——庸知其年之先后生于吾乎

积累拓展

八、背诵课文第一段。

九、以“谈学习”为话题，借鉴《劝学》的论证方法，写一段不少于500字的议论文，要求观点明确，论证充分。

赤壁赋①

苏　轼

学习提示

苏轼是北宋文学革新的领军人物，其文学成就登峰造极，诗、词、文、书、画无一不精，在北宋文坛独树一帜，引领一代风骚。北宋时期，文坛虽人才辈出，但苏轼以其洒脱不羁的才情和乐观豁达的精神，突破传统文学的束缚，开创了独具特色的文学风格。其文风如浩瀚星空般深邃，又似奔腾江河般豪迈，欧阳修曾称赞他“他日文章必独步天下”，足见其在当时文学界的崇高地位和巨大影响力。

在这篇《赤壁赋》中，苏轼融入了对人生境遇的深刻感悟和对宇宙万物的哲学思考。创作此赋时，苏轼因“乌台诗案”被贬黄州，政治上的失意和生活的困窘，激发了他内心深处对生命的深度探寻。在夜游赤壁的情境下，他将内心的感慨与思考融入笔端，成就了这篇千古奇文。文章以主客问答的形式，探讨了人生的短暂与宇宙的永恒、个体的渺小与自然的伟大等深刻话题，展现出苏轼在困境中自我解脱、追求精神自由的豁达心境。其中蕴含的哲理，如“逝者如斯，而未尝往也；盈虚者如彼，而卒莫消长也”，超越了时空的限制，至今仍能给读者带来心灵的启迪。

文章开篇“壬戌之秋，七月既望，苏子与客泛舟游于赤壁之下”，简洁交代了时间、地点和人物，一幅宁静的秋夜泛舟图徐徐展开，奠定了全文闲适、悠然的基调。随后，作者用细腻的笔触描绘了赤壁之下的江水、清风、明月，“白露横江，水光接

---

① 选自《苏轼文集》卷一（中华书局 1986 年版）。宋神宗元丰二年（1079），苏轼被贬为黄州（今湖北黄冈）团练副使。元丰五年（1082）秋冬，苏轼先后两次游览了黄州附近的赤壁，写下两篇赋。本文是第一篇，又称《前赤壁赋》。赤壁之战的地点有多种说法，一般认为在今湖北省咸宁市赤壁市。苏轼所游是黄州的赤鼻矶，并非赤壁大战处。

天。纵一苇之所如，凌万顷之茫然”，营造出空灵、浩渺的意境，让读者仿佛身临其境。接着进入主客问答环节，文章层层递进，逻辑严谨。客通过对曹操英雄事迹的追忆，感慨“方其破荆州，下江陵，顺流而东也，舳舻千里，旌旗蔽空，酾酒临江，横槊赋诗，固一世之雄也，而今安在哉”，表达出对人生短暂的悲叹；苏轼则以辩证的观点劝慰客人，阐述事物变与不变的哲理，展现出豁达乐观的人生态度，完成了从感性抒情到理性思辨的升华。

《赤壁赋》的艺术特色十分鲜明。在景物描写上，苏轼用词精妙，寥寥数语便将赤壁秋夜的美景刻画得栩栩如生。主客问答的结构，使文章形式灵活多变，通过不同观点的碰撞，深化了主题。修辞手法的运用更是炉火纯青，“寄蜉蝣于天地，渺沧海之一粟”运用比喻，形象地表现出人类在宇宙中的渺小；“舞幽壑之潜蛟，泣孤舟之嫠妇”运用夸张手法，极言箫声的悲凉；“耳得之而为声，目遇之而成色”运用对偶，句式整齐，富有韵律美。此外，文中还运用了排比、顶针等修辞手法，如“方其……而今安在哉”的排比，增强了文章的气势。这些艺术手法的综合运用，使文章语言优美，富有节奏感和韵律美，充分展现了苏轼散文“行云流水”的独特魅力。

课　文

壬戌[①]之秋，七月既望[②]，苏子与客泛舟游于赤壁之下。清风徐来，水波不兴。举酒属客[③]，诵明月之诗[④]，歌窈窕之章。少焉[⑤]，月出于东山之上，徘徊于斗牛[⑥]之间。白露[⑦]横江，水光接天。纵一苇之所如[⑧]，凌万顷之茫然[⑨]。浩浩乎如冯虚御风[⑩]，而不知其所止；飘飘乎如遗世独立，羽化而登仙[⑪]。

---

① 〔壬(rén)戌〕宋神宗元丰五年(1082)。

② 〔既望〕过了望日后的第一天，通常指农历每月十六日。

③ 〔举酒属(zhǔ)客〕举起酒杯，劝客人饮酒。属，劝请。

④ 〔明月之诗〕和下文的“窈窕之章”分指《诗经·陈风·月出》及其诗句。这首诗的第一章有“舒窈纠(jiǎo)兮”的句子，所以称为“窈窕之章”。

⑤ 〔少焉〕一会儿。

⑥ 〔斗(dǒu)牛〕斗宿和牛宿，都是星宿名。

⑦ 〔白露〕指白茫茫的水汽。

⑧ 〔纵一苇之所如〕任凭小船漂去。纵，放任。一苇，指小船(比喻船很小，像一片苇叶)。语出《诗经·卫风·河广》“谁谓河广，一苇杭(航)之。”如，往。

⑨ 〔凌万顷之茫然〕越过那茫茫的江面。凌，越过。万顷，指广阔的江面。茫然，旷远的样子。

⑩ 〔冯(píng)虚御风〕凌空驾风而行。冯，同“凭”，乘。虚，太空。御，驾。

⑪ 〔遗世独立，羽化而登仙〕脱离人世，升入仙境。羽化，指飞升成仙。

于是饮酒乐甚，扣舷[①]而歌之。歌曰："桂棹兮兰桨[②]，击空明兮溯流光[③]。渺渺兮予怀[④]，望美人兮天一方[⑤]。"客[⑥]有吹洞箫[⑦]者，倚歌[⑧]而和之[⑨]。其声呜呜然，如怨如慕，如泣如诉，余音袅袅，不绝如缕[⑩]。舞幽壑之潜蛟，泣孤舟之嫠妇[⑪]。

苏子愀然[⑫]，正襟危坐[⑬]而问客曰："何为其然也[⑭]？"客曰："'月明星稀，乌鹊南飞'，此非曹孟德之诗乎？西望夏口[⑮]，东望武昌[⑯]。山川相缪，郁乎苍苍[⑰]，此[⑱]非孟德之困[⑲]于周郎[⑳]者乎？方其破荆州[㉑]，下江陵[㉒]，顺流而东也，舳舻[㉓]千里，旌旗蔽空，酾酒临江，横槊赋诗[㉔]，固一世之雄也，而今安在哉？况吾与子渔樵于江渚之

---

① 〔扣舷〕敲着船边，指打着节拍。

② 〔桂棹兮兰桨〕桂木做的棹，木兰做的桨。

③ 〔击空明兮溯流光〕（桨）划破月光下的清波，（船）在月光浮动的水面上逆流而上。空明，指月光下的清波。流光，江面浮动的月光。

④ 〔渺渺兮予怀〕我心里想得很远。渺渺，悠远的样子。

⑤ 〔望美人兮天一方〕眺望美人，（美人）却在天的那一边。美人，指所思慕的人。

⑥ 〔客〕指与苏轼同游的人。

⑦ 〔洞箫〕管乐器的一种。

⑧ 〔倚歌〕依照歌曲的声调和节拍。倚，循、依。

⑨ 〔和（hè）之〕（用箫）随着歌声伴奏。

⑩ 〔余音袅袅，不绝如缕〕尾声细弱而婉转悠长，如同不断的细丝。袅袅，形容声音婉转悠长。缕，细丝。

⑪ 〔舞幽壑之潜蛟，泣孤舟之嫠（lí）妇〕意思是，箫声使深谷中的蛟龙听了起舞，使独坐孤舟的寡妇听了落泪。幽壑，深谷。嫠妇，寡妇。

⑫ 〔愀（qiǎo）然〕容色改变的样子。

⑬ 〔危坐〕端坐。

⑭ 〔何为其然也〕（曲调）为什么这样（悲凉）呢？

⑮ 〔夏口〕古镇名，在今湖北武昌的西面。

⑯ 〔武昌〕今湖北鄂州。

⑰ 〔山川相缪（liáo），郁乎苍苍〕山水环绕，一片苍翠。缪，同"缭"，盘绕、围绕。

⑱ 〔此〕这地方。

⑲ 〔困〕受困。指曹操败于赤壁。

⑳ 〔周郎〕周瑜。

㉑ 〔破荆州〕建安十三年（208），曹操南击荆州，当时荆州刺史刘表已死，刘表的儿子刘琮（cóng）投降曹操。荆州，在今湖北、湖南一带。

㉒ 〔下江陵〕刘琮投降曹操以后，曹操又在当阳的长坂击败刘备，进兵江陵。下，攻占。江陵，当时荆州首府。

㉓ 〔舳舻（zhú lú）〕船头和船尾的并称，泛指首尾相接的船只。

㉔ 〔酾（shī）酒临江，横槊（shuò）赋诗〕面对大江斟酒，横执长矛吟诗（曹操所吟的诗就是《短歌行》）。酾酒，斟酒。槊，长矛。

上[①]，侣鱼虾而友麋鹿，驾一叶之扁舟，举匏樽[②]以相属。寄蜉蝣[③]于天地，渺沧海之一粟[④]。哀吾生之须臾，羡长江之无穷。挟飞仙以遨游，抱明月而长终。知不可乎骤[⑤]得，托遗响[⑥]于悲风。”

苏子曰：“客亦知夫水与月乎？逝者如斯，而未尝往也；盈虚者如彼，而卒莫消长也[⑦]。盖将自其变者而观之，则天地曾不能以一瞬[⑧]；自其不变者而观之，则物与我皆无尽[⑨]也，而又何羡乎！且夫天地之间，物各有主，苟非吾之所有，虽一毫而莫取。惟江上之清风，与山间之明月，耳得之而为声，目遇之而成色，取之无禁，用之不竭，是造物者之无尽藏也，而吾与子之所共适[⑩]。”

客喜而笑，洗盏更[⑪]酌。肴核[⑫]既尽，杯盘狼籍[⑬]。相与枕藉[⑭]乎舟中，不知东方之既白[⑮]。

思考与练习

预习作业

一、抄写下列词语，并给加点的字注音。

举酒属客　　歌窈窕之章　　斗牛之间　　冯虚御风　　扣舷而歌之

---

① 〔渔樵于江渚之上〕在江边捕鱼砍柴。渔樵，捕鱼砍柴。

② 〔匏(páo)樽〕用葫芦做成的酒器。匏，葫芦的一种。

③ 〔蜉蝣(fú yóu)〕一种小飞虫，夏秋之交生在水边，生存期很短，古人说它朝生暮死。这里用来比喻人生短促。

④ 〔一粟〕一粒米。

⑤ 〔骤〕一下子，很轻易地。

⑥ 〔遗响〕余音，指箫声。

⑦ 〔逝者如斯，而未尝往也；盈虚者如彼，而卒莫消长也〕流去的(水)像这样(不断地流去永不复返)，而并没有流去；(月亮)像那样时圆时缺，却终究没有增减的变化。未尝往，意思是江水虽然在不断地奔流，但前者去后者来，始终滔滔不绝，如同没有流去。盈，满。虚，缺。卒，终究。消长，消减和增长。

⑧ 〔盖将自其变者而观之，则天地曾不能以一瞬〕如果从那变化的一面看，那么天地间万事万物(时刻在变动)，连一眨眼的工夫都不停止。将，这里表示假设。

⑨ 〔物与我皆无尽〕意思是，万物同我们一样都是永恒的。

⑩ 〔是造物者之无尽藏(zàng)也，而吾与子之所共适〕这是自然界无穷无尽的宝藏，我和你可以共同享受。造物者，原指“天”，就是现在所说的“自然”。无尽藏，出自佛家语的“无尽藏海”(像海之能包罗万物)。适，这里有“享有”的意思。

⑪ 〔更〕再。

⑫ 〔肴核〕菜肴和果品。

⑬ 〔狼籍〕即“狼藉”，凌乱。

⑭ 〔相与枕藉(jiè)〕互相枕着垫着。

⑮ 〔既白〕天明。白，明亮。

桂棹兮兰桨　倚歌而和之　幽壑　嫠妇　愀然
山川相缪　舳舻　旌旗蔽空　酾酒临江　横槊赋诗
匏樽　造物者之无尽藏也　卒莫消长也

二、结合注释，初读课文。作者在文中描写了哪些景色？这些景色又分别营造了怎样的氛围？

研读探究

三、文章第四段作者阐发了什么道理？其中是用什么方法来完成说理的？

四、作者在文中多次流露出复杂的情感，从“乐甚”“愀然”到“喜而笑”，情感起伏变化的原因分别是什么？

五、辨析下列单字在句中的意思。

1.之

(1)月出于东山之上

(2)哀吾生之须臾

(3)惟江上之清风

(4)目遇之而成色

(5)扣舷而歌之

2.于

(1)游于赤壁之下

(2)此非曹孟德之困于周郎者乎

(3)月出于东山之上

3.而

(1)而今安在哉

(2)侣鱼虾而友麋鹿

(3)耳得之而为声

(4)顺流而东也

积累拓展

六、以《赤壁赋》中苏轼与客的对话为基础，假设若干年后，苏轼与客再次于赤壁之下相聚，展开新的对话，请续写他们的交流内容，展现时代变迁与人生感悟。

七、苏轼于宋神宗元丰五年(1082)十月十五日又作了一篇《后赤壁赋》，这篇赋的创作时间距离《赤壁赋》仅隔三个月。政治上的失意和人生的挫折，始终是这两篇赋创作的大背景，在这种背景下，苏轼借赤壁之游来抒发自己内心的情感。请扩展阅读《后赤壁赋》，仔细体会两篇文章在表现手法和表达情感方面的异同。

后赤壁赋

苏　轼

是岁十月之望，步自雪堂，将归于临皋。二客从予，过黄泥之坂。霜露既降，木叶尽脱。人影在地，仰见明月，顾而乐之，行歌相答。

已而叹曰："有客无酒，有酒无肴，月白风清，如此良夜何？"客曰："今者薄暮，举网得鱼，巨口细鳞，状如松江之鲈。顾安所得酒乎？"归而谋诸妇。妇曰："我有斗酒，藏之久矣，以待子不时之需。"

于是携酒与鱼，复游于赤壁之下。江流有声，断岸千尺。山高月小，水落石出。曾日月之几何，而江山不可复识矣！予乃摄衣而上，履巉岩，披蒙茸，踞虎豹，登虬龙，攀栖鹘之危巢，俯冯夷之幽宫，盖二客不能从焉。划然长啸，草木震动，山鸣谷应，风起水涌。予亦悄然而悲，肃然而恐，凛乎其不可留也。反而登舟，放乎中流，听其所止而休焉。

时夜将半，四顾寂寥。适有孤鹤，横江东来，翅如车轮，玄裳缟衣，戛然长鸣，掠予舟而西也。

须臾客去，予亦就睡。梦一道士，羽衣蹁跹，过临皋之下，揖予而言曰："赤壁之游乐乎？"问其姓名，俯而不答。"呜乎！噫嘻！我知之矣。畴昔之夜，飞鸣而过我者，非子也耶？"道士顾笑，予亦惊寤。开户视之，不见其处。

知识拓展

文言文常见句式

文言文是古代汉语书面语言的重要表现形式。理解文言文，关键之一在于掌握常见句式，如判断句、被动句、宾语前置句等。这些句式不同于现代汉语的句式，却是古人的表达习惯。掌握文言文中常见的句式，能帮大家准确理解文意，达到事半功倍的效果。

一、判断句

判断句是对事物的性质、情况、事物之间的关系做出肯定或否定判断的句子，即说明某事物是什么或不是什么。与现代汉语不同，文言文的判断句通常不使用判断动词“是”，而是通过特定句式或虚词来体现判断关系。

“……者……也”

主语后面用“者”表示停顿，在谓语后面用“也”表示判断。这是古汉语中表示判断的典型格式。

1. 廉颇者，赵之良将也。（《廉颇蔺相如列传》）

——廉颇是赵国的良将。

2. 师者，所以传道授业解惑也。（《师说》）

——教师是传授道理讲受学业解答疑难问题的人。

“……者，……”

主语后面用“者”表示停顿，而谓语后面不用“也”。这种判断句式中的“者”也不译，只在主语和谓语之间加判断词“是”。

1. 粟者，民之所种。（《论贵粟疏》）

——粮食是老百姓种的。

2. 四人者，庐陵萧君圭君玉，长乐王回深父，余弟安国平父，安上纯父。（《游褒禅山记》）

——同游的四个人，就是庐山陵的萧圭，字君玉；长乐的王回，字深父；我的弟弟安国，字平父，安上，字纯父。

“……，……也”

主语后面不用“者”表示停顿，只在谓语后面用“也”表示判断。这种判断句式中“也”同样不译，只在主谓语之间加“是”。

1. 君子生非异也，善假于物也。（《荀子·劝学》）

——君子不是本性和一般人不同，只是善于利用外物。

2. 和氏璧，天下所共传宝也。（《廉颇蔺相如列传》）

——和氏璧是天下共知的宝物。

用“乃、即、则、皆、为”等为标志

利用“乃、即、则、皆、为”等虚词辅助，加强判断的语气，或表示肯定的判断。

1. 此则岳阳楼之大观也。（《岳阳楼记》）

——这就是在岳阳楼上见到的雄伟景象了。

2. 吾闻二世少子也，不当立，当立者乃公子扶苏。（《陈涉世家》）

——人听说秦二世是秦始皇的小儿子，不应当立为国君，应当立为国君的是公子扶苏。

3. 如今人方为刀俎，我为鱼肉。（《项羽本纪》）

——现在人家就像是切肉用的刀和案板，而我们就像是鱼和肉。

无标志的判断句，仅通过语意和逻辑表达判断。

刘备天下枭雄。（《周瑜传》）

——刘备是当今世上的枭雄。

二、被动句

被动句是指主语与谓语之间的关系是被动关系，也就是主语是谓语动词所表示的行为的被动者、受事者，而不是主动者、施事者的句子。简单来说，就是主语不是动作的发出者，而是动作的承受者。

“于”字表被动

动词后用介词“于”表示被动，用于引出动作行为的主动者。有时也在介词“于”或动词之前加“受”字，构成“受……于……”的形式。

1. 不拘于时。（《师说》）

——不被时局所拘束。

2. 吾不能举全吴之地，十万之众，受制于人。（《诸葛亮传》）

——我不能拿整个吴国的土地，十万大军，被别人控制。

“见”字表被动

在动词前边加介词“见”表示被动。有时还会出现“见……，于……”的形式，“于”引出动作行为的主动者。

1. 秦城恐不可得，徒见欺。（《廉颇蔺相如列传》）

——秦国的城池恐怕不可能得到，白白地被欺骗。

2. 臣诚恐见欺于王而负赵。(《廉颇蔺相如列传》)

——我实在是害怕被大王欺骗而对不起赵王。

“为”字表被动

在动词前边加介词“为”引出行为动作的主动者,或与“所”连用,构成“为……所……”形式,或承前省略,变为“……为所……”的形式。

1. 吴广素爱人,士卒多为用者。(《陈涉世家》)

——吴广向来爱护士兵,士兵大多愿意被他差遣。

2. 不者,若属皆且为所虏。(《项羽本纪》)

——否则,你们都将被他俘虏。

“被”字表被动

此用法与现代汉语中一致。出现的频率相对较低,且在先秦时期使用较少,秦汉以后逐渐增多。

1. 信而见疑,忠而被谤,能无怨乎?(《屈原列传》)

——诚信而被怀疑,尽忠却被诽谤,能没有怨愤吗?

2. 予犹记周公之被逮,在丁卯三月之望。(《五人墓碑记》)

——我还记得周公被逮捕,是在丁卯年三月十五日。

三、省略句

省略句是指在不影响意思表达的前提下,省略了句子中某些成分的句子。

省略主语

主语的省略有承前省略、蒙后省略等情况。承前省略是指前面的句子已经出现了主语,后面相同的主语就省略了;蒙后省略是指后面的句子先出现了主语,前面句子中相同的主语就省略了。

1. (今之众人)爱其子,择师而教之。(《师说》)

——(人们)爱他们的孩子,就选择老师来教他。

2. (尔)必死是间,余收尔骨焉。(《蹇叔哭师》)

——(你)必定死在这中间,我来收你的尸骨吧。

省略谓语

谓语是句子中表示动作或状态的成分。在作文时,有时为了避免重复或使表达更简洁，会省略谓语。

1. 一鼓作气，再(鼓)而衰，三(鼓)而竭。(《曹刿论战》)

——第一次击鼓能够振作士气，第二次(击鼓)士气就开始低落了，第三次(击鼓)士气就耗尽了。

2. 小大之狱，虽不能察，必以情(理之)。(《曹刿论战》)

——大大小小的案件，虽然不能件件都了解得清楚，但一定要根据实情(合理裁决)。

省略宾语

宾语包括动词宾语和介词宾语，在文言文中，宾语的省略也较为常见。省略动词宾语是指在句子中，动词后面的宾语由于上下文的语境已经明确，所以省略不写；省略介词宾语是指介词后面的宾语被省略。

1. 以相如功大，拜(相如)为上卿。(《廉颇蔺相如列传》)

——由于蔺相如功劳大，拜(蔺相如)为上卿。

2. 引(清流激湍)以为流觞曲水。(《兰亭集序》)

——(把水)引来作为飘传酒杯的环形渠水。

省略介词

常见的省略介词有“于”“以”等。介词在句子中起到介绍动作的时间、地点、对象等作用，省略介词后，句子的意思仍可根据上下文理解。

1. 臣尝从大王与燕王会(于)境上。(《廉颇蔺相如列传》)

——我曾随从大王(在)国境上与燕王会见。

2. 沛公军(于)霸上。(《项羽本纪》)

——沛公(在)霸上驻军。

四、倒装句

倒装句是指句子的语序与现代汉语的语序不同的句子，主要有宾语前置、状语后置、定语后置、主谓倒装等类型，这些特殊的语序往往是为了强调或突出句子中的某些成分。

(一)宾语前置

“宾语前置”是将宾语放在动词(或介词)之前的特殊语序，与现代汉语“主—

谓一宾”的常规语序不同。这种句式通过调整语序来强调宾语或符合文言文的表达习惯，需结合语境和特定标志词来识别。

否定句中代词作宾语，宾语前置

在一个否定句里，当句子的宾语是代词时，这个代词宾语通常要放在谓语动词之前。这里的否定句一般带有否定词，如“不”“弗”“未”“非”“莫”等。

1. 忌不自信。（《邹忌讽齐王纳谏》）

——邹忌不相信自己（比徐公美）。正常语序“忌不信自”。

2. 古之人不余欺也！（《石钟山记》）

——古时候的人没有欺骗我啊！正常语序“古之人不欺余也”。

疑问句中疑问代词作宾语，宾语前置

在疑问句中，如果宾语是由疑问代词充当，那么这个疑问代词宾语通常要放在谓语动词或介词前面。常见的疑问代词有“谁”“何”“奚”“安”“焉”等。

1. 大王来何操？（《项羽本纪》）

——大王来的时候拿了什么？正常语序“大王来操何”。

2. 吾孰与徐公美？（《邹忌讽齐王纳谏》）

——我和徐公相比，谁更美丽？正常语序“吾与徐公孰美”。

用“之”或“是”作为宾语前置的标志

为了强调宾语，有时会在宾语和动词之间加上“之”或“是”，使宾语前置。

1. 句读之不知，惑之不解。（《师说》）

——不理解书本上的字句，不能解决疑难问题。正常语序为“不知句读，不解惑”。

2. 惟马首是瞻。（《左传》）

——唯独看着我马头的方向（行动）。正常语序“惟瞻马首”。

（二）定语后置

“定语后置”是指将修饰名词的定语成分置于被修饰的中心词之后的特殊句式。

中心词+定语+“者”

“者”作为后置定语的标志，放在后置定语的末尾，起到提示和强调定语的作用。

1. 太子及宾客知其事者。（《荆轲刺秦王》）

——太子和知道这件事的宾客。“宾客”是中心词,“知其事”是后置定语。

2.村中少年好事者。(《促织》)

——村子里好事的少年。“少年”是中心词,“好事”是后置定语。

中心词+“之”+定语+“者”

“之”和“者”共同作为定语后置的标志。“之”起到连接中心词和后置定语的作用,“者”依旧用于后置定语的结尾。

1.马之千里者。(《马说》)

——日行千里的马。“马”是中心词,“千里”是定语,“之……者”是定语后置的标志。

2.石之铿然有声者。(《石钟山记》)

——发出铿锵声音的石头。“石”是中心词,“铿然有声”是后置定语。

中心词+“之”+定语

这种形式中,仅用“之”作为定语后置的标志,将定语放在中心词之后。

1.居庙堂之高。(《岳阳楼记》)

——处在高高的庙堂上。“庙堂”是中心词,“高”是定语后置,“之”是定语后置的标志。

2.蚓无爪牙之利,筋骨之强。(《劝学》)

——蚯蚓没有锋利的爪牙,强健的筋骨。“爪牙”“筋骨”是中心词,“利”“强”是后置定语。

数量词作定语后置

数量词作为定语时,有时也会被后置在中心词之后。

1.军书十二卷。(《木兰辞》)

——十二卷军书。“军书”是中心词,“十二卷”是数量词做定语后置。

2.铸以为金人十二。(《过秦论》)

——把它们铸造成十二个铜人。正常语序为“铸以为十二金人”。

(三)状语后置

“状语后置”是指在文言文中,由介词“于”“以”“乎”等组成的介宾短语常常会放在动词或形容词之后作补语,而按照现代汉语的表达习惯,这些介宾短语应该放在动词或形容词之前作状语,所以被称为“状语后置”。

“于”字结构作状语后置

"于"作为介词，常与后面的名词、代词或名词性短语组成介宾结构，表示动作发生的时间、地点、对象、比较等。这个介宾结构在文言文中常置于动词之后。

1. 青，取之于蓝，而青于蓝。（《劝学》）

——靛青是从蓝草里提取的，可是比蓝草的颜色更深。正常语序为"青，于蓝取之，而于蓝青"。

2. 公与之乘，战于长勺。（《曹刿论战》）

——鲁庄公和曹刿同坐一辆战车，在长勺和齐军作战。正常语序为"公与之乘，于长勺战"。

"以"字结构作状语后置

"以"组成的介宾短语，常表示动作行为的凭借、方式、工具等，在文言文中也常被置于动词之后。

1. 申之以孝悌之义。（《孟子》）

——把尊敬父母、敬爱兄长的道理反复讲给百姓听。正常语序为"以孝悌之义申之"。

2. 饰以篆文山龟鸟兽之形。（《张衡传》）

——用篆文、山脉、乌龟、飞鸟、野兽的形状装饰。正常语序为"以篆文山龟鸟兽之形饰"。

"乎"字结构作状语后置

"乎"有时相当于"于"，由"乎"组成的介宾短语也会后置。

1. 生乎吾前，其闻道也固先乎吾。（《师说》）

——在我前面出生的人，他们懂得的道理本来就比我早。正常语序"于吾前生，其闻道也于吾先"。

2. 相与枕藉乎舟中。（《赤壁赋》）

——（大家）互相在船里枕着靠着。正常语序为"相与乎舟中枕藉"。

16 个文言虚词用法例释

文言文虚词作为古代汉语词汇系统的重要组成部分，虽不具备实际的词汇意义，却在语法结构与语义表达中发挥着关键作用。其用法复杂多变，常成为文言文阅读理解与语言分析的难点。深入学习虚词，不仅有助于把握文言文的语法规则，更能提升对古代文献的解读能力，为古代汉语学习奠定了坚实基础。

	词类	具体用法	示例
而	连词	①表并列，可译为“又”“和”，或不翻译	蟹六跪而二螯，非蛇鳝之穴无可寄托者，用心躁也。（《劝学》）
		②表递进，相当于“而且”“并且”	今有一言，可以解燕国之患，而报将军之仇者，何如？（《荆轲刺秦王》）
		③表承接，相当于“就”“接着”，或不翻译	置之地，拔剑撞而破之。（《鸿门宴》）
		④表转折，相当于“然而”“可是”“却”	A. 青，取之于蓝，而青于蓝。（《劝学》） B. 狗彘食人食而不知检，涂有饿莩而不知发。（《寡人之于国也》）
		⑤表假设，“如果”“假如”	A. 子曰：“人而无信，不知其可也。”（《论语·为政》） B. 今行而无信，则秦未可亲也。（《荆轲刺秦王》）
		⑥表因果，相当于“因而”“所以”	A. 余亦悔其随之而不得极夫游之乐也。（《游褒禅山记》） B. 其人居远未来，而为留待。（《荆轲刺秦王》）
		⑦表修饰，连接状语和中心语，一般不译	填然鼓之，兵刃既接，弃甲曳兵而走。（《寡人之于国也》）
		⑧表目的，相当于“来”，也可不译	籍吏民，封府库，而待将军。（《鸿门宴》）
	代词	①代指第二人称，“你”“你们”	某所，而母立于兹。（《项脊轩志》）

	词类	具体用法	示例
何	疑问代词	①单独作谓语，表原因，后面常有语气助词“哉”“也”，可译为“什么”“为什么”“什么原因”等	A. 予尝求古仁人之心，或异二者之为，何哉？（《岳阳楼记》） B. 何者？严大国之威以修敬也。（《廉颇蔺相如列传》）
		②作动词或介词的宾语，代处所或事物，可译为“哪里”“什么”	A. 大王来何操？（《鸿门宴》） B. 胡为乎遑遑欲何之？[《归去来兮辞（并序）》]
		③作定语，可译为“什么”“哪”	A. 然则何时而乐耶？（《岳阳楼记》） B. 其间旦暮闻何物？杜鹃啼血猿哀鸣。[《琵琶行（并序）》]
	副词	①用在句首或动词前，常表示反问，可译为“为什么”“怎么”“哪有”	A. 小子无所畏，何敢助妇语！[《孔雀东南飞（并序）》] B. 何方圜之能周兮？夫孰异道而相安？（《离骚》）
		②用在形容词前，表示程度深，可译为“多么”“怎么这样”	青泥何盘盘，百步九折萦岩峦。（《蜀道难》）

	词类	具体用法	示例
乎	助词	①表一般疑问,相当于“吗”“呢”。	料大王士卒足以当项王乎?(《鸿门宴》)
		②表反问,相当于“吗”“呢”	吾师道也,夫庸知其年之先后生于吾乎?(《师说》)
		③表测度或商量语气,相当于“吧”	圣人之所以为圣,愚人之所以为愚,其皆出于此乎?(《师说》)
		④表感叹,相当于“啊”“呀”	危乎高哉!蜀道之难,难于上青天!(《蜀道难》)
		⑤用在句中,表停顿	胡为乎遑遑欲何之?[《归去来兮辞(并序)》]
		⑥用于形容词或副词之后,可译为“……的样子”“……地”,或不译	飘飘乎如遗世独立,羽化而登仙。(《赤壁赋》)
	介词	①表示动作的对象。对,对于	君子博学而日参省乎己,则知明而行无过矣。(《劝学》)
		②表示地点、时间、范围。在,在……时候,在……方面	浴乎沂,风乎舞雩,咏而归。(《子路、曾皙、冉有、公西华侍坐》)
		③表比较。比	其闻道也亦先乎吾,吾从而师之。(《师说》)

	词类	具体用法	示例
乃	副词	①表承接。于是,就,便	A. 秦王恐其破壁,乃辞谢,固请。(《廉颇蔺相如列传》) B. 乃遂收盛樊於期之首,函封之。(《荆轲刺秦王》)
		②表条件。才	设九宾于廷,臣乃敢上璧。(《廉颇蔺相如列传》)
		③表转折。竟然,却	今其智乃反不能及。(《师说》)
		④表限制范围、数量、程度。仅仅,只,才	至东城,乃有二十八骑。(《项羽之死》)
		⑤表判断。是,原来是	A. 事所以不成者,乃欲以生劫之,必得约契以报太子也。(《荆轲刺秦王》) B. 所谓华山洞者,以其乃华山之阳名之也。(《游褒禅山记》)
	代词	用作第二人称,常作定语,译为“你的”“你们的”;也作主语,译为“你”“你们”,不能作宾语	王师北定中原日,家祭无忘告乃翁。(《示儿》)

<table>
<tr><td rowspan="10">其</td><td>词类</td><td>具体用法</td><td>示例</td></tr>
<tr><td rowspan="3">代词</td><td>①人称代词。表示领属，他（她、它）的，他（她、它）们的，我的，你的，自己的</td><td>A. 郯子之徒，其贤不及孔子。（《师说》）
B. 后世之谬其传而莫能名者，何可胜道也哉！（《游褒禅山记》）
C. 失其所与，不知。（《烛之武退秦师》）</td></tr>
<tr><td>②指示代词。表远指，那，那个，那些，那里</td><td>A. 则或咎其欲出者。（《游褒禅山记》）
B. 则其好游者不能穷也。（《游褒禅山记》）</td></tr>
<tr><td>③指示代词。其中的</td><td>A. 蜀之鄙有二僧，其一贫，其一富。（《为学》）
B. 少时，一狼径去，其一犬坐于前。（《狼》）</td></tr>
<tr><td rowspan="4">副词</td><td>①加强揣测语气，相当于“恐怕”“或许”“大概”“可能”。</td><td>圣人之所以为圣，愚人之所以为愚，其皆出于此乎？（《师说》）</td></tr>
<tr><td>②加强祈使语气，相当于“一定”“可”</td><td>与尔三矢，尔其无忘乃父之志！（《五代史伶官传序》）</td></tr>
<tr><td>③表婉商或希望语气，译为“还是”</td><td>以乱易整，不武。吾其还也。（《烛之武退秦师》）</td></tr>
<tr><td>④加强反问语气，相当于“难道”“怎么”</td><td>尽吾志也而不能至者，可以无悔矣，其孰能讥之乎？（《游褒禅山记》）</td></tr>
<tr><td rowspan="2">连词</td><td>①表假设，如果，假如</td><td>A. 沛然下雨，则苗浡然兴之矣。其如是，孰能御之？（《孟子·梁惠王上》）
B. 其业有不精，德有不成者，非天质之卑，则心不若余之专耳。（《送东阳马生序》）</td></tr>
<tr><td>②表选择，相当于“还是”“抑或”“是……还是……”</td><td>天之苍苍，其正色邪？其远而无所至极邪？（《逍遥游》）</td></tr>
</table>

<table>
<tr><td rowspan="6">且</td><td>词类</td><td>具体用法</td><td>示例</td></tr>
<tr><td rowspan="3">连词</td><td>①表并列，可译为“又”“又……又……”“一面……一面……”</td><td>王不行，示赵弱且怯也。（《廉颇蔺相如列传》）</td></tr>
<tr><td>②表递进，而且，况且</td><td>A. 且焉置土石？（《愚公移山》）
B. 且壮士不死即已，死即举大名耳。（《陈涉世家》）</td></tr>
<tr><td>③表让步，尚且，还</td><td>臣死且不避，卮酒安足辞！（《鸿门宴》）</td></tr>
<tr><td rowspan="2">副词</td><td>①暂且，姑且</td><td>誓不相隔卿，且暂还家去。[《孔雀东南飞（并序）》]</td></tr>
<tr><td>②将要，快要</td><td>若属皆且为所虏！（《鸿门宴》）</td></tr>
</table>

	词类	具体用法	示例
若	代词	①第二人称。相当于“你”“你们”;作定语时则译为“你的”“你们的”	若入前为寿,寿毕,请以剑舞。(《鸿门宴》)
		②表近指。这,这样,如此	王曰:“舍之!吾不忍其觳觫,若无罪而就死地。”(《齐桓晋文之事》)
	连词	表假设,如果,假如	若亡郑而有益于君,敢以烦执事。(《烛之武退秦师》)

	词类	具体用法	示例
所	助词	放在动词前面,组成名词性的“所”字结构,表示“所……的(人、事物、地方、情况等)”	道之所存,师之所存也。(《师说》)
	固定结构	“为”和“所”呼应,构成“为……所……”“为所”的格式,表被动	若属皆且为所虏!(《鸿门宴》)

	词类	具体用法	示例
为	介词	①表示动作、行为的对象。向,对	不足为外人道也。(《桃花源记》)
		②表示动作、行为的替代。给,替	于是秦王不怿,为一击缶。(《廉颇蔺相如列传》)
		③表示动作、行为的时间。当,在,等到	为其来也,臣请缚一人过王而行。(《晏子使楚》)
		④表示动作、行为的目的、原因。为了,因为	慎勿为妇死,贵贱情何薄![《孔雀东南飞(并序)》]
		⑤表被动,读 wéi,有时跟“所”结合,构成“为所”或“为……所”的格式,译为“被”	A. 身死人手,为天下笑者,何也?(《过秦论》) B. 不者,若属皆且为所虏!(《鸿门宴》) C. 有如此之势,而为秦人积威之所劫。(《六国论》)
	语气词	表疑问或反诘,可译为“呢”	如今人方为刀俎,我为鱼肉,何辞为?(《鸿门宴》)

	词类	具体用法	示例
焉	助词	①用在句末,根据不同的语境可译为“啊”“呢”“了”等,有时也可不译	A. 王无罪岁,斯天下之民至焉。(《寡人之于国也》) B. 可远观而不可亵玩焉。(《爱莲说》)
		②作句中语气词,表停顿,可不译	少焉,月出于东山之上,徘徊于斗牛之间。(《赤壁赋》)
		③作词尾,相当于“然”,译为“……的样子”	盘盘焉,囷囷焉,蜂房水涡,矗不知其几千万落。(《阿房宫赋》)
	代词	人称代词或指示代词,相当于“之”	犹且从师而问焉。(《师说》)
	兼词	相当于“于之”“于此”	A. 三人行,必有我师焉。(《论语·述而》) B. 积土成山,风雨兴焉。(《劝学》)

	词类	具体用法	示例
也	助词	①表判断	廉颇者,赵之良将也。(《廉颇蔺相如列传》)
		②用在句末,表陈述或解释	A. 今者项庄拔剑舞,其意常在沛公也。(《鸿门宴》) B. 小学而大遗,吾未见其明也。(《师说》)
		③用在句末,表感叹	鄙贱之人,不知将军宽之至此也!(《廉颇蔺相如列传》)
		④用在句末,表一般疑问或反诘	A. 苏子愀然,正襟危坐而问客曰:“何为其然也?”(《赤壁赋》) B. 邻国之民不加少,寡人之民不加多,何也?(《寡人之于国也》)
		⑤用在句末,表祈使	吾其还也。(《烛之武退秦师》)
		⑥用在句中,表停顿,舒缓语气,引起下文	嗟乎!师道之不传也久矣!(《师说》)

	词类	具体用法	示例
以	介词	①表示动作、行为所凭借的工具、方法。可译为“用”“拿”“凭借”	A. 愿以十五城请易壁。(《廉颇蔺相如列传》) B. 以乱易整，不武。(《烛之武退秦师》) C. 若亡郑而有益于君，敢以烦执事。(《烛之武退秦师》)
		②表示动作处置的对象，可译为“把”	A. 秦亦不以城予赵，赵亦终不予秦壁。(《廉颇蔺相如列传》) B. 若舍郑以为东道主，行李之往来，共其乏困。(《烛之武退秦师》)
		③表示动作、行为产生的原因，相当于“因为”	且以一壁之故逆强秦之欢，不可。(《廉颇蔺相如列传》)
		④引进动作、行为发生的时间或处所，相当于“在”“从”	武以始元六年春至京师。(《苏武传》)
	连词	①表并列或递进。可译为“而”“又”“而且”“并且”等	夫夷以近，则游者众。(《游褒禅山记》)
		②表承接。可译为“而”或不译	樊哙侧其盾以撞。(《鸿门宴》)
		③表因果。因为	A. 樊将军以穷困来归丹，丹不忍以己之私，而伤长者之意，愿足下更虑之！(《荆轲刺秦王》) B. 臣以险衅，夙遭闵凶。(《陈情表》) C. 晋侯、秦伯围郑，以其无礼于晋，且贰于楚也。(《烛之武退秦师》)
		①表目的。以便，来，用来	A. 愿得将军之首以献秦，秦王必喜而善见臣。(《荆轲刺秦王》) B. 阙秦以利晋，唯君图之。(《烛之武退秦师》)
		⑤表修饰，可译为“地”。连接状语和中心语	木欣欣以向荣，泉涓涓而始流。[《归去来兮辞(并序)》]
	助词	与“来、往、前、后、左、右”等词组司，表示时间、方位或范围	A. 受命以来，夙夜忧叹。(《出师表》) B. 指从此以往十五都予赵。(《廉颇蔺相如列传》)
	副词	司“已”，已经	单于召会武官属，前以降及物故，凡随武还者九人。(《苏武传》)

	词类	具体用法	示例
因	介词	①因为，由于	振声激扬，伺者因此觉知。（《张衡传》）
		②依靠，凭借	因人之力而敝之，不仁。（《烛之武退秦师》）
		③趁机，由此，趁此	A. 寿毕，请以剑舞，因击沛公于坐。（《鸿门宴》） B. 不如因而厚遇之，使归赵。（《廉颇蔺相如列传》）
		④通过，经由	廉颇闻之，肉袒负荆，因宾客至蔺相如门谢罪。（《廉颇蔺相如列传》）
	连词	于是，就，因而	相如因持璧却立，倚柱，怒发上冲冠。（《廉颇蔺相如列传》）

	词类	具体用法	示例
于	介词	①引进与动作、行为有关的时间。可译为“在”“到……时”	受任于败军之际，奉命于危难之间。（《出师表》）
		②引进与动作、行为有关的处所。可译为“从”“由”“自”“在”“到”	苏子与客泛舟游于赤壁之下。（《赤壁赋》）
		③引进与动作、行为有关的范围。可译为“在”“对”	A. 拜为上卿，以勇气闻于诸侯。（《廉颇蔺相如列传》） B. 于人为可讥，而在己为有悔。（《游褒禅山记》）
		④引进与动作、行为有关的对象。可译为“向”“与”“同”“对”“对于”“给”	A. 衡善机巧，尤致思于天文阴阳历算。（《张衡传》） B. 是臣尽节于陛下之日长，报养刘之日短也。（《陈情表》）
		⑤用在形容词后面，引进比较的对象，表示程度的比较。可译为“比”	虽才高于世，而无骄尚之情。（《张衡传》）
		⑥在被动句中引进动作、行为的主动者，表被动	A. 而君幸于赵王，故燕王欲结于君。（《廉颇蔺相如列传》） B. 六艺经传皆通习之，不拘于时。（《师说》）

	词类	具体用法	示例
与	介词	表施动者发出的动作、行为所涉及的对象，可译为“和”“跟”等	赵王与大将军廉颇诸大臣谋。（《廉颇蔺相如列传》）
	连词	连接词与词、词组与词组，表并列，可译为“和”“跟”“同”，或仍作“与”	彼与彼年相若也，道相似也。（《师说》）
	语气词	读 yú，用在句末，表疑问、感叹或反问，可译为“吗”“吧”“呢”等	而君逆寡人者，轻寡人与？（《唐雎不辱使命》）

	词类	具体用法	示例
之	代词	①第三人称代词，也可代事，代物。一般作宾语	A. 我见相如，必辱之。(《廉颇蔺相如列传》) B. 阿母得闻之，槌床便大怒。[《孔雀东南飞(并序)》]
		②第一人称代词，相当于“我”	不知将军宽之至此也！(《廉颇蔺相如列传》)
		③指示代词，表近指。这，这些	A. 之二虫又何知！(《逍遥游》) B. 均之二策，宁许以负秦曲。(《廉颇蔺相如列传》) C. 吴起、孙膑、带佗、倪良、王廖、田忌、廉颇、赵奢之伦制其兵。(《过秦论》)
	助词	①放在定语和中心语之间，相当于现代汉语的“的”	A. 南取百越之地，以为桂林、象郡。(《过秦论》) B. 渔舟唱晚，响穷彭蠡之滨；雁阵惊寒，声断衡阳之浦。(《滕王阁序》)
		②放在主语和谓语之间，取消句子的独立性	臣之壮也，犹不如人。(《烛之武退秦师》)
		③宾语前置的标志	A. 句读之不知，惑之不解，或师焉，或不焉。(《师说》) B. 夫晋，何厌之有？(《烛之武退秦师》)
		④放在后置的定语与中心语之间，作为定语后置的标志	蚓无爪牙之利，筋骨之强，上食埃土，下饮黄泉，用心一也。(《劝学》)

第四单元

反对党八股(节选)[①]

毛泽东

学习提示

《反对党入股》是毛泽东于1942年2月8日在延安干部会上的讲话，是延安整风运动的重要文献。当时抗日战争处于最艰难的相持阶段，根据地的生存十分艰难，党内存在严重文风问题，党八股盛行，严重影响了革命事业的发展。但是中国共产党人仍然花费宝贵时间和精力来讨论文风问题，其原因何在？阅读时要注意思考，以理解这篇文章的针对性和现实意义。

文章列举了党八股的多条罪状，重点批判了教条主义、主观主义和宗派主义；在批判的同时也提出了正确的主张，倡导理论联系实际的马克思主义学风和文风。阅读时我们可以看到，这篇文章的表达方式和语言风格与作者提倡的文风是一致的。本文说理切中要害，深入浅出，语言特点鲜明。可以找出文中典型的语句，归纳其特点，尝试从表达目的、听众感受等角度品评其表达效果。

---

① 选自《毛泽东选集》第三卷(人民出版社1991年版)。

课　文

现在来分析一下党八股的坏处在什么地方。我们也仿照八股文章[1]的笔法来一个“八股”，以毒攻毒，就叫做八大罪状吧。

党八股的第一条罪状是：空话连篇，言之无物。我们有些同志欢喜写长文章，但是没有什么内容，真是“懒婆娘的裹脚，又长又臭”。为什么一定要写得那么长，又那么空空洞洞的呢？只有一种解释，就是下决心不要群众看。因为长而且空，群众见了就摇头，哪里还肯看下去呢？只好去欺负幼稚的人，在他们中间散布坏影响，造成坏习惯。去年六月二十二日，苏联进行那么大的反侵略战争，斯大林在七月三日发表了一篇演说[2]，还只有我们《解放日报》[3]一篇社论那样长。要是我们的老爷写起来，那就不得了，起码得有几万字。现在是在战争的时期，我们应该研究一下文章怎样写得短些，写得精粹些。延安虽然还没有战争，但军队天天在前方打仗，后方也唤工作忙，文章太长了，有谁来看呢？有些同志在前方也喜欢写长报告。他们辛辛苦苦地写了，送来了，其目的是要我们看的。可是怎么敢看呢？长而空不好，短而空就好吗？也不好。我们应当禁绝一切空话。但是主要的和首先的任务，是把那些又长又臭的懒婆娘的裹脚，赶快扔到垃圾桶里去。或者有人要说：《资本论》不是很长的吗？那又怎么办？这是好办的，看下去就是了。俗话说：“到什么山上唱什么歌。”又说：“看菜吃饭，量体裁衣。”我们无论做什么事都要看情形办理，文章和演说也是这样。我们反对的是空话连篇言之无物的八股调，不是说任何东西都以短为好。战争时期固然需要短文章，但尤其需要有内容的文章。最不应该、最要反对的是言之无物的文章。演说也是一样，空话连篇言之无物的演说，是必须停止的。

党八股的第二条罪状是：装腔作势，借以吓人。有些党八股，不只是空话连篇，而且装样子故意吓人，这里面包含着很坏的毒素。空话连篇，言之无物，还可以说是幼稚；装腔作势，借以吓人，则不但是幼稚，简直是无赖了。鲁迅曾经批评过这种

---

① 〔八股文章〕即八股文，指明清科举考试的一种文体，在字数、体式、语气、题旨和思想内容上均有严格规定，是封建统治者束缚人们思想、维护自身统治的工具。

② 〔斯大林在七月三日发表了一篇演说〕1941 年 6 月 22 日，纳粹德国背信弃义进攻苏联。斯大林在 7 月 3 日发表广播演说，号召苏联人民保护祖国，打败敌人，争取胜利。

③ 〔《解放日报》〕当时中共中央的机关报，1941 年 5 月 16 日在延安创刊，1947 年 3 月 27 日停刊。

人，他说："辱骂和恐吓决不是战斗。"[①]科学的东西，随便什么时候都是不怕人家批评的，因为科学是真理，决不怕人家驳。主观主义和宗派主义的东西，表现在党八股式的文章和演说里面，却生怕人家驳，非常胆怯，于是就靠装样子吓人；以为这一吓，人家就会闭口，自己就可以"得胜回朝"了。这种装腔作势的东西，不能反映真理，而是妨害真理的。凡真理都不装样子吓人，它只是老老实实地说下去和做下去。从前许多同志的文章和演说里面，常常有两个名词：一个叫做"残酷斗争"，一个叫做"无情打击"。这种手段，用了对付敌人或敌对思想是完全必要的，用了对付自己的同志则是错误的。党内也常常有敌人和敌对思想混进来，如《苏联共产党(布)历史简要读本》结束语第四条所说的那样。对于这种人，毫无疑义地是应该采用残酷斗争或无情打击的手段的，因为那些坏人正在利用这种手段对付党，我们如果还对他们宽容，那就会正中坏人的奸计。但是不能用同一手段对付偶然犯错误的同志；对于这类同志，就须使用批评和自我批评的方法，这就是《苏联共产党(布)历史简要读本》结束语第五条所说的方法。从前我们那些同志之所以向这些同志也大讲其"残酷斗争"和"无情打击"，一方面是没有分析对象，一方面就是为着装腔作势，借以吓人。无论对什么人，装腔作势借以吓人的方法，都是要不得的。因为这种吓人战术，对敌人是毫无用处，对同志只有损害。这种吓人战术，是剥削阶级以及流氓无产者[②]所惯用的手段，无产阶级不需要这类手段。无产阶级的最尖锐最有效的武器只有一个，那就是严肃的战斗的科学态度。共产党不靠吓人吃饭，而是靠马克思列宁主义的真理吃饭，靠实事求是吃饭，靠科学吃饭。至于以装腔作势来达到名誉和地位的目的，那更是卑劣的念头，不待说的了。总之，任何机关做决定，发指示，任何同志写文章，做演说，一概要靠马克思列宁主义的真理，要靠有用。只有靠了这个才能争取革命胜利，其他都是无益的。

党八股的第三条罪状是：无的放矢，不看对象。早几年，在延安城墙上，曾经看见过这样一个标语："工人农民联合起来争取抗日胜利。"这个标语的意思并不坏，可是那工人的工字第二笔不是写的一直，而是转了两个弯子，写成了"丂"字。人字呢？在右边一笔加了三撇，写成了"𠆢"字。这位同志是古代文人学士的学生是无

---

① 〔辱骂和恐吓决不是战斗〕指鲁迅文章的题目。最初发表于 1932 年 12 月 15 日《文学月报》第一卷第五、六号合刊上，后编入《南腔北调集》。

② 〔流氓无产者〕指旧社会中受到反动统治阶级压迫和剥削，失去土地和职业的一部分人。他们大多数是破产的农民和手工业者，常常以不正当的活动(如欺骗、盗窃等)谋生。

疑的了，可是他却要写在抗日时期延安这地方的墙壁上，就有些莫名其妙了。大概他的意思也是发誓不要老百姓看，否则就很难得到解释。共产党员如果真想做宣传，就要看对象，就要想一想自己的文章、演说、谈话、写字是给什么人看、给什么人听的，否则就等于下决心不要人看，不要人听。许多人常常以为自己写的讲的人家都看得很懂，听得很懂，其实完全不是那么一回事，因为他写的和讲的是党八股，人家哪里会懂呢？“对牛弹琴”这句话，含有讥笑对象的意思。如果我们除去这个意思，放进尊重对象的意思去，那就只剩下讥笑弹琴者这个意思了。为什么不看对象乱弹一顿呢？何况这是党八股，简直是老鸦声调，却偏要向人民群众哇哇地叫。射箭要看靶子，弹琴要看听众，写文章做演说倒可以不看读者不看听众吗？我们和无论什么人做朋友，如果不懂得彼此的心，不知道彼此心里面想些什么东西，能够做成知心朋友吗？做宣传工作的人，对于自己的宣传对象没有调查，没有研究，没有分析，乱讲一顿，是万万不行的。

党八股的第四条罪状是：语言无味，像个瘪三①。上海人叫小瘪三的那批角色，也很像我们的党八股，干瘪得很，样子十分难看。如果一篇文章，一个演说，颠来倒去，总是那几个名词，一套“学生腔”，没有一点生动活泼的语言，这岂不是语言无味，面目可憎，像个瘪三吗？一个人七岁入小学，十几岁入中学，二十多岁在大学毕业，没有和人民群众接触过，语言不丰富，单纯得很，那是难怪的。但我们是革命党，是为群众办事的，如果也不学群众的语言，那就办不好。现在我们有许多做宣传工作的同志，也不学语言。他们的宣传，乏味得很；他们的文章，就没有多少人欢喜看；他们的演说，也没有多少人欢喜听。为什么语言要学，并且要用很大的气力去学呢？因为语言这东西，不是随便可以学好的，非下苦功不可。第一，要向人民群众学习语言。人民的语汇是很丰富的，生动活泼的，表现实际生活的。我们很多人没有学好语言，所以我们在写文章做演说时没有几句生动活泼切实有力的话，只有死板板的几条筋，像瘪三一样，瘦得难看，不像一个健康的人。第二，要从外国语言中吸收我们所需要的成分。我们不是硬搬或滥用外国语言，是要吸收外国语言中的好东西，于我们适用的东西。因为中国原有语汇不够用，现在我们的语汇中就有很多是从外国吸收来的。例如今天开的干部大会，这“干部”两个字，就是从外国学来的。我们还要多多吸收外国的新鲜东西，不但要吸收他们的进步道理，而且要

① 〔瘪三〕新中国成立前，上海人称城市中无正当职业以偷窃或乞讨为生的游民为瘪三。

吸收他们的新鲜用语。第三，我们还要学习古人语言中有生命的东西。由于我们没有努力学习语言，古人语言中的许多还有生气的东西我们就没有充分地合理地利用。当然我们坚决反对去用已经死了的语汇和典故，这是确定了的，但是好的仍然有用的东西还是应该继承。现在中党八股毒太深的人，对于民间的、外国的、古人的语言中有用的东西，不肯下苦功去学，因此，群众就不欢迎他们枯燥无味的宣传，我们也不需要这样蹩脚[①]的不中用的宣传家。什么是宣传家？不但教员是宣传家，新闻记者是宣传家，文艺作者是宣传家，我们的一切工作干部也都是宣传家。比如军事指挥员，他们并不对外发宣言，但是他们要和士兵讲话，要和人民接洽，这不是宣传是什么？一个人只要他对别人讲话，他就是在做宣传工作。只要他不是哑巴，他就总有几句话要讲的。所以我们的同志都非学习语言不可。

党八股的第五条罪状是：甲乙丙丁，开中药铺。你们去看一看中药铺，那里的药柜子上有许多抽屉格子，每个格子上面贴着药名，当归、熟地、大黄、芒硝，应有尽有。这个方法，也被我们的同志学到了。写文章，做演说，著书，写报告，第一是大壹贰叁肆，第二是小一二三四，第三是甲乙丙丁，第四是子丑寅卯，还有大ABCD，小abcd，还有阿拉伯数字，多得很！幸亏古人和外国人替我们造好了这许多符号，使我们开起中药铺来毫不费力。一篇文章充满了这些符号，不提出问题，不分析问题，不解决问题，不表示赞成什么，反对什么，说来说去还是一个中药铺，没有什么真切的内容。我不是说甲乙丙丁等字不能用，而是说那种对待问题的方法不对。现在许多同志津津有味于这个开中药铺的方法，实在是一种最低级、最幼稚、最庸俗的方法。这种方法就是形式主义的方法，是按照事物的外部标志来分类，不是按照事物的内部联系来分类的。单单按照事物的外部标志，使用一大堆互相没有内部联系的概念，排列成一篇文章、一篇演说或一个报告，这种办法，他自己是在做概念的游戏，也会引导人家都做这类游戏，使人不用脑筋想问题，不去思考事物的本质，而满足于甲乙丙丁的现象罗列。什么叫问题？问题就是事物的矛盾。哪里有没有解决的矛盾，哪里就有问题。既有问题，你总得赞成一方面，反对另一方面，你就得把问题提出来。提出问题，首先就要对于问题即矛盾的两个基本方面加以大略的调查和研究，才能懂得矛盾的性质是什么，这就是发现问题的过程。大略的调查和研究可以发现问题，提出问题，但是还不能解决问题。要解决问题，还须作系统的周密的调查工作和研究工作，这就是分析的

---

① 〔蹩bié脚〕质量不好，本领不强。

过程。提出问题也要用分析，不然，对着模糊杂乱的一大堆事物的现象，你就不能知道问题即矛盾的所在。这里所讲的分析过程，是指系统的周密的分析过程。常常问题是提出了，但还不能解决，就是因为还没有暴露事物的内部联系，就是因为还没有经过这种系统的周密的分析过程，因而问题的面貌还不明晰，还不能做综合工作，也就不能好好地解决问题。一篇文章或一篇演说，如果是重要的带指导性质的，总得要提出一个什么问题，接着加以分析，然后综合起来，指明问题的性质，给以解决的办法，这样，就不是形式主义的方法所能济事。因为这种幼稚的、低级的、庸俗的、不用脑筋的形式主义的方法，在我们党内很流行，所以必须揭破它，才能使大家学会应用马克思主义的方法去观察问题、提出问题、分析问题和解决问题，我们所办的事才能办好，我们的革命事业才能胜利。

党八股的第六条罪状是：不负责任，到处害人。上面所说的那些，一方面是由于幼稚而来，另一方面也是由于责任心不足而来的。拿洗脸作比方，我们每天都要洗脸，许多人并且不止洗一次，洗完之后还要拿镜子照一照，要调查研究一番，（大笑）生怕有什么不妥当的地方。你们看，这是何等地有责任心呀！我们写文章，做演说，只要像洗脸这样负责，就差不多了。拿不出来的东西就不要拿出来。须知这是要去影响别人的思想和行动的啊！一个人偶然一天两天不洗脸，固然也不好，洗后脸上还留着一个两个黑点，固然也不雅观，但倒并没有什么大危险。写文章做演说就不同了，这是专为影响人的，我们的同志反而随随便便，这就叫做轻重倒置。许多人写文章，做演说，可以不要预先研究，不要预先准备；文章写好之后，也不多看几遍，像洗脸之后再照照镜子一样，就马马虎虎地发表出去。其结果，往往是“下笔千言，离题万里”，仿佛像个才子，实则到处害人。这种责任心薄弱的坏习惯，必须改正才好。

第七条罪状是：流毒全党，妨害革命。

第八条罪状是：传播出去，祸国殃民。这两条意义自明，无须多说。这就是说，党八股如不改革，如果听其发展下去，其结果之严重，可以闹到很坏的地步。党八股里面藏的是主观主义、宗派主义的毒物，这个毒物传播出去，是要害党害国的。

上面这八条，就是我们申讨党八股的檄文①。

党八股这个形式，不但不便于表现革命精神，而且非常容易使革命精神窒息。要使革命精神获得发展，必须抛弃党八股，采取生动活泼新鲜有力的马克思列宁主义的文风。这种文风，早已存在，但尚未充实，尚未得到普遍的发展。我们破坏了

---

① 〔檄 xí 文〕古代用于晓谕、征召、声讨等的文书，特指声讨敌人或叛逆的文书。

洋八股和党八股之后，新的文风就可以获得充实，获得普遍的发展，党的革命事业，也就可以向前推进了。

思考与练习

预习作业

一、抄写下列词语，并给加点字注音。

量体裁衣　　装腔作势　　无的放矢　　讥笑　　瘪三

祸国殃民　　面目可憎　　蹩脚　　芒硝　　檄文

二、党八股的罪状是什么？作者是从哪些方面论述的？

研读探究

三、课文是毛泽东在延安干部会上的讲话，剖析了“党八股”的八大罪状。认真思考并研讨，选取其中一项罪状分析作者是如何层层剖析的。

四、课文说理透彻，语言深入浅出。品读下列语句，从表达目的、听众感受等角度分析加点词句的表达效果。

1. 我们有些同志欢喜写长文章，但是没有什么内容，真是“懒婆娘的裹脚，又长又臭”。

2. 拿洗脸作比方，我们每天都要洗脸，许多人并且不止洗一次，洗完之后还要拿镜子照一照，要调查研究一番，（大笑）生怕有什么不妥当的地方。你们看，这是何等地有责任心呀！我们写文章，做演说，只要像洗脸这样负责，就差不多了。

积累拓展

五、毛泽东在延安整风运动中分别作了《改造我们的学习》《整顿党的作风》和《反对党八股》的报告，号召全党反对主观主义以整顿学风，反对宗派主义以整顿党风，反对党八股以整顿文风。请大家认真阅读《反对党八股》，课后查阅相关资料，了解时代背景，谈谈自己对于报告针对性和现实意义的感悟。

拿来主义[1]

鲁　迅

学习提示

鲁迅的《拿来主义》写于1934年,彼时中国面临着文化上的困境,如何对待外来文化和传统文化成为关键问题。鲁迅针对当时存在的“闭关主义”“送去主义”等错误思潮,鲜明地提出了“拿来主义”。其核心是“运用脑髓,放出眼光,自己来拿”,强调要有自主选择、甄别吸收的能力,既不能盲目排外,也不可全盘接受,而是取其精华、去其糟粕,为我所用。

这篇文章将不同现象进行归类,直接予以批驳,确立自己观点。阅读时,要注意梳理和把握论述的脉络层次,学习破立结合的写法,感受文章蕴含的批判力量。作者善于运用比喻来证明观点,阐述自己的主张。找出文中比喻论证的例子,分析作者是怎样有效进行论证的,体会论证的表达效果。

课　文

中国一向是所谓“闭关主义”[2],自己不去,别人也不许来。自从给枪炮打破了大门之后,又碰了一串钉子[3],到现在,成了什么都是“送去主义”[4]了。别的且不说

① 选自《鲁迅全集》第六卷《且介亭杂文》(人民文学出版社2005年版)。

② 〔闭关主义〕指清政府奉行闭关锁国政策,严格限制对外交往,不与外国进行经济、文化等方面的交流。

③ 〔又碰了一串钉子〕指自鸦片战争后中国在对外交往中遭遇的一系列挫折与困境。

④ 〔送去主义〕指当时国民党政府所奉行的媚外卖国政策。在文化等方面一味地向外国输出,如送古董去巴黎展览、让“大师”们捧着古画和新画在欧洲各国展览等行为,实质是一种卖国求荣、自我贬低的行径。

罢，单是学艺上的东西，近来就先送一批古董到巴黎去展览，但终“不知后事如何”；还有几位“大师”们捧着几张古画和新画，在欧洲各国一路的挂过去，叫作“发扬国光”①。听说不远还要送梅兰芳博士到苏联去，以催进“象征主义”②，此后是顺便到欧洲传道。我在这里不想讨论梅博士演艺和象征主义的关系，总之，活人替代了古董，我敢说，也可以算得显出一点进步了。

但我们没有人根据了“礼尚往来”的仪节，说道：拿来！

当然，能够只是送出去，也不算坏事情，一者见得丰富，二者见得大度。尼采③就自诩过他是太阳，光热无穷，只是给与，不想取得。然而尼采究竟不是太阳，他发了疯。中国也不是，虽然有人说，掘起地下的煤来，就足够全世界几百年之用，但是，几百年之后呢？几百年之后，我们当然是化为魂灵，或上天堂，或落了地狱，但我们的子孙是在的，所以还应该给他们留下一点礼品。要不然，则当佳节大典之际，他们拿不出东西来，只好磕头贺喜，讨一点残羹冷炙④做奖赏。

这种奖赏，不要误解为“抛来”的东西，这是“抛给”⑤的，说得冠冕些，可以称之为“送来”，我在这里不想举出实例⑥。

我在这里也并不想对于“送去”再说什么，否则太不“摩登”了。我只想鼓吹我们再吝啬一点，“送去”之外，还得“拿来”，是为“拿来主义”。

但我们被“送来”的东西吓怕了。先有英国的鸦片，德国的废枪炮，后有法国的香粉，美国的电影，日本的印着“完全国货”的各种小东西。于是连清醒的青年们，也对于洋货发生了恐怖。其实，这正是因为那是“送来”的，而不是“拿来”的缘故。

所以我们要运用脑髓，放出眼光，自己来拿！

---

① 〔发扬国光〕指对国民党政府及一些人送古董、古画新画到欧洲展览等行为的讽刺说法，他们打着“发扬国光”的旗号，实则是在向外国谄媚，并没有真正起到弘扬国家文化的作用。

② 〔象征主义〕指 20 世纪初在欧洲兴起的一种文学艺术流派，这里是说国民党政府打算送梅兰芳博士到苏联去，以促进象征主义，是对这种盲目迎合外国潮流行为的一种调侃和批判。

③ 〔尼采〕德国哲学家，他曾自诩为太阳，光热无穷，只是给予，不想取得。这里鲁迅用尼采来类比当时中国“送去主义”的行径，暗示其不切实际和最终的危害。

④ 〔残羹冷炙〕吃剩的饭菜，喻指权贵的施舍。

⑤ 〔抛来与抛给〕“抛来”是指在正常的文化交流等情况下，外国偶尔送来的一些东西，是比较中性的；“抛给”则是指帝国主义带有侵略和掠夺目的而送来的东西，是一种不平等的、带有恶意的给予，也可称为“送来”，如英国的鸦片、德国的废枪炮等。

⑥ 〔我在这里不想举出实例〕1933 年 6 月 4 日，国民党政府和美国在华盛顿签订五千万美元的“棉麦借款”协定，购买美国的小麦、面粉和棉花。这里可能指的是这一类事。

譬如罢，我们之中的一个穷青年，因为祖上的阴功(姑且让我这么说说罢)，得了一所大宅子[①]，且不问他是骗来的，抢来的，或合法继承的，或是做了女婿换来的。那么，怎么办呢？我想，首先是不管三七二十一，“拿来”！但是，如果反对这宅子的旧主人，怕给他的东西染污了，徘徊不敢走进门，是孱头[②]；勃然大怒，放一把火烧光，算是保存自己的清白，则是昏蛋[③]。不过因为原是羡慕这宅子的旧主人的，而这回接受一切，欣欣然的蹩进卧室，大吸剩下的鸦片，那当然更是废物[④]。“拿来主义”者是全不这样的。

他占有，挑选。看见鱼翅[⑤]，并不就抛在路上以显其“平民化”，只要有养料，也和朋友们像萝卜白菜一样的吃掉，只不用它来宴大宾；看见鸦片，也不当众摔在茅厕里，以见其彻底革命，只送到药房里去，以供治病之用，却不弄“出售存膏，售完即止”的玄虚。只有烟枪和烟灯[⑥]，虽然形式和印度，波斯，阿剌伯[⑦]的烟具都不同，确可以算是一种国粹，倘使背着周游世界，一定会有人看，但我想，除了送一点进博物馆之外，其余的是大可以毁掉的了。还有一群姨太太[⑧]，也大以请她们各自走散为是，要不然，“拿来主义”怕未免有些危机。

总之，我们要拿来。我们要或使用，或存放，或毁灭。那么，主人是新主人，宅子也就会成为新宅子。然而首先要这人沉着，勇猛，有辨别，不自私。没有拿来的，人不能自成为新人，没有拿来的，文艺不能自成为新文艺。

六月四日[⑨]

---

① 〔大宅子〕指文化遗产或外来文化。

② 〔孱(càn)头〕懦弱无能、害怕继承、拒绝借鉴的人。指在对待文化遗产或外来文化时，因害怕被文化遗产中的糟粕所污染，而不敢接受。

③ 〔昏蛋〕指那些对待文化遗产采取全盘否定、盲目排斥态度的人，他们为了显示自己的“清白”，不惜将文化遗产全部毁灭，是一种愚蠢和极端的行为。

④ 〔废物〕指对文化遗产全盘接受、毫无辨别能力，只知全盘吸收其中糟粕的人，就像欣然接受大宅子中的一切，包括吸食剩下鸦片的人一样，是没有价值和前途的。

⑤ 〔鱼翅〕指文化遗产中的精华部分，如优秀的文学艺术作品、先进的科学技术等。对于这些精华，应该像对待有营养的鱼翅一样，加以吸收和利用。

⑥ 〔烟枪和烟灯〕指文化遗产中的旧形式，如一些已经过时的艺术表现形式、文化传统中的陈规陋习等，它们虽然有一定的历史文化价值，但总体上是应该摒弃或改造的，只可留少许送博物馆作为历史见证。

⑦ 〔波斯〕伊朗的旧称。

⑧ 〔姨太太〕指文化遗产中的糟粕部分，如封建礼教中的一些腐朽观念、落后的社会习俗等，是完全应该抛弃的，不能让它们继续存在和影响社会。

⑨ 〔六月四日〕指 1934 年 6 月 4 日。

思考与练习

预习作业

一、抄写下列词语,并给加点字注音。

残羹冷炙　勃然大怒　礼尚往来　孱头　蹩进　国粹　吝啬　自诩

二、鲁迅在阐述“拿来主义”时运用了哪些论证方法?请举例说明这些论证方法是如何使文章的论证更有说服力的。

研读探究

三、课文写“拿来主义”,为何花费那么多笔墨写其他主义呢?文中作者认为应该如何拿来?

四、鲁迅的语言具有犀利、幽默、讽刺的特点,文章有一些很有“鲁迅味道”的重点句子,试以下列两段文字为例,赏析语言特色。

1.“还有几位‘大师’们捧着几张古画和新画,在欧洲各国一路的挂过去,叫作‘发扬国光’。”

2.尼采就自诩过他是太阳,光热无穷,只是给与,不想取得。然而尼采究竟不是太阳,他发了疯。

积累拓展

五、鲁迅的杂文大都具有强烈的现实针对性,用现在的话来说,就是有明确的“问题意识”,但他对问题的思考又很深很广,带有很大的超越性。请试联系实际,谈谈“拿来主义”在当今社会的意义。

学业·职业·事业[①]

朱光潜

学习提示

步入大学，我们每个人都会学习不同的专业，未来从事不同职业，也可能对未来职业产生迷茫。《学业·职业·事业》是朱光潜先生的人生经验总结，也是对年轻人，特别是迷茫中的年轻人最诚恳的忠告。

作者先从“业”的常用意义出发，对“业”字的内涵做了诠释，由此得出学业、职业、事业三个概念的含义，接着进一步阐述了学业、职业应该发展为有成就的事业。朱光潜的作品往往深入浅出，用平实易懂的文字表达深刻的道理，让读者能够轻松理解他所阐述的观点。如在解释一些抽象概念时，会运用生动的例子或比喻，使读者更容易接受。字里行间蕴含着深刻的人生哲理，读者在阅读过程中不仅能够获取关于学业、职业、事业的知识，还能从中得到人生的启示，引发对自身事业发展的思考。

学生应联系社会上一些关于学业、职业、事业的现象，运用文章中的观点进行分析和讨论，思考自己目前的情况，如是否明确自己的学习目标和方向，是否为未来的职业和事业做好了准备以及如何通过在学业、职业和事业上的努力等，实现自己的人生价值，为社会做出贡献，形成自己对人生的正确看法和价值观。

① 选自《一升露水一升花》，朱光潜著，江苏凤凰文艺出版社 2017 年 6 月版。朱光潜(1897—1986)，笔名孟实，中国现代美学奠基人、文艺理论家、教育家、翻译家。主要著作有《西方美学史》《厚积落叶听雨声》《谈美》《谈美书简》《谈修养》《给青年的十二封信》等。

课 文

每个有志气的人，在他的生平都不免为三件事操心。在学校时代，他关心学业；离开学校，他关心职业；有了职业，他关心事业。这自然只是一种粗略的分期，也有许多人始终就专在学业、职业或事业上计算。从逻辑的眼光来分析，我们不能说它是三件互不相同的事。它们的关系还须待确定。

学业、职业和事业的含义

先说“业”。《说文》所定的这个字的原始意义是钟架上一块木板，与我们所谈的没有多大关系。就“业”字所常用在的语句看（如进德修业，业精于勤，以农为业，成大业，创业守成等等），我们可以看出两点：第一是学业、职业和事业都可以叫做业，第二是这个“业”字含有相当指流行语“工作”一词的意义。佛典常用“业”字，和“行”字同义，凡人为造作通可叫做“业”，例如思想、言语、行为，都可是一种“业”，“业”简直就相当于流行语的活动。我们可以说，“业”是人运用他的力量做一种工作或活动；所进行的工作或活动叫做“业”，工作或活动所成就的结果也可以叫做“业”。

依这种解释看，学业就是学问的工作或活动，职业就是职分所在的工作或活动。工作或活动就是“事”，所以“事业”是只有一个意义的复词，学问是一种事业，职业也还是一种事业。如果事业还另有特殊意义，那就只能指工作或活动的成就。依这种意义说，在职业上可以成就事业，在学问上也可以成就事业。总上两义，学业与事业，职业与事业，在逻辑上都不应分开；我们至多只能说“事业”比“学业”或“职业”含义较广泛，不过这也还有问题。

问题在学业与职业是否绝对为两回事。一般人说“职业”，似带有一种误解，以为职业是衣食工具，“谋职业”就等于“谋生活”，也就等于“谋衣食”，这里“职业”和“生活”两个词的意义都同样窄狭化得很离奇可笑。在这种用字的习惯上，我们可以见出一般人的生活理想的低落。顾名思义，“职业”显然是职分以内的事业。所谓“职分”是起于社会的分工合作的需要。社会上有许多事要做，一个人不能同时做许多事，于是这个人种田，那个人经商，另一个人做工匠，如此分工，每个人有一个“职分”，都能各尽“职分”帮助社会大机器的轮子旋转，以一分工作的效益，换取同群许多分工作的效益，“吾尽所能，各取所需”，于是人与社会两得其便。每个人有一个“职分”，对于那“职分”就负有责任，须把那“职分”以内的事做好。对于“职分”不尽责就是不称职。职与责是不能分开的。

学业、职业和事业三位一体

回到原来的问题，学业与职业是否绝对为两回事呢？从两个观点看，它们也不应分开。

第一，从狭义的学业说，学业是某一种专门学术的研究。专门的学术研究需要长久的集中的力量。一个人既研究一种专门学术，他就没有时间精力去干别的事。社会需要学术的进展，就需有一部分人以研究学术为“职业”。做学问是学者的职分以内的事，正如种田是农人的职分以内的事，他们的成就都于社会有益，他们都负有责任在自家职分以内求有成就。照这样看，学业还是可以当做一种职业。

其次，就广义的学业说，学业是每一种职业必有的准备。一切工作（尤其是在近代社会分工很严密的工作）都需要学习，每一行都有一套专门学问，所以你如果想把某一种职分以内的事做好，你就必须先把它学好。不但如此，工作本身也就是学习。有些人以为在学校里学得一种学问，学业便可告结束，以后入社会就职业，只需拿这一套法宝作无尽期的应用。这不但是误解学业，也是误解职业。最亲切最实在的学问大半不是从书本得来，而是从实地亲身经验得来的。古人所谓“到处留心皆学问”，就是有见于此。同时，到处留心学问的人可以说“学”与“事”相得益彰①，不致犯不学无术的毛病，在职业上才能成就真正的事业。一辈子拘守一部讲义的人绝不是一个好教员，一辈子拘守一部步兵操典的人绝不是一个好战士，余可类推。所以要想把一种职业做好，必须把职业当做学业看。

依以上的分析，学业、职业和事业应该是三位一体。学业或职业如果不能成为事业，那就空洞无成就。学业和职业如果不能打成一片，学业就只是私人的嗜好，不能成为社会中的一种职分，对社会没有效益；职业也就降为与学问脱节的盲目的衣食营求，干燥无味。

职业与学业一贯，然后所学即所用，所用即所学，人得其事，事得其人，不过这只是理想。事实上一个人的职业往往和他的学业不很相关。这是由于有些学业不能为谋生之具，一个人一方面要忠于一种没有经济价值的学问，一方面又要维持生计，于是不得不就一种与自家专门学问无关的职业。最显著的例子是大哲学家斯

① 〔相得益彰〕指互相帮助，互相补充，更能显出各自的长处。

宾诺莎，他为着要保持学术思想的自由，拒绝当大学教授，宁愿操磨镜片的职业，借以营生。英国文学家兰姆写得那样一笔奇特而隽永[①]的散文，而他的终身职业只是一个公司的书记。波兰小说家康拉德在商船上当过多年的水手。英国诗人蒙罗在伦敦一条小街上经营一个小书店。这种实例在西方很多。这种办法颇有它的长处。不靠所研究的学业来谋生，可以保持学业的独立自由；同时，在本行以外就一种职业，也可以扩大眼界，增加生活经验。在目前中国，一般人囿于[②]浅狭的功利主义，都争去学可以赚钱的学问，而文哲数理一类虽是冷门而却极重要的学问很少有人问津，这对于文化学术的全局是一个危险的现象。

在另外一种情形之下，学业与职业也不完全相称，这就是通才就专职。政府行政工作本来也还是一种职业，可是一直到现在，各国还很少在学校里设专门学科去训练议员部长以及其他公务员。在从前中国，政府大小职位，上自宰相，下至县丞，大半依科举履历任命，由科举进身者所读的书大半不外经史诗文，而做的职务却可以彼此相差很远。一榜及第的人有典钱谷的，有主试的，有带兵的，有典刑狱的，有掌漕运[③]的。职务和学问似没有显著的关系。专才学一行才能做一行，通才无须学那一行才能做那一行。医工农商等等需要专才，而社会领导工作则需要通才。近代教育似正在徘徊于两种理想之间：一是"职业教育"的理想，一是"自由教育"的理想，学业须包含品格、学识各方面的普遍修养，不能窄狭化到学徒训练。依我个人想，自由教育对于社会领导工作实在比职业教育重要，不过这两种理想也并非绝对不能相容，专门的技术训练和普通的品格学识修养最好是并行不悖[④]。

择学择业要从本身出发

择学择业对于一个人是一个极重的问题。首先要考虑的是个人的资禀与兴趣。我曾观察过许多人所学的和所做的全与他们性不相近。有些学文艺的人对于人生世相看不出丝毫情趣，遇事称斤称两，谈吐干燥无味，他们理应学商业或是法律。有些工程师根本没有科学的头脑，却欢喜做点旧诗，结交大人阔佬，他们理应干政治。如此等类，不胜枚举，性不相近，纵然是努力，也往往劳而无补，对于个人和社会都是精力的浪费。

---

① 〔隽永〕（言语、诗文）意味深长。

② 〔囿（yòu）于〕局限于、拘泥于。

③ 〔漕运〕旧时指国家从水道运输粮食，供应京城或接济军需。

④ 〔并行不悖（bèi）〕同时进行，不相冲突。

一个人的性之所近，大半自己明白。有些人明明知道自己的长短却不根据它来决定志向，这大半误于名利观念。现在学生们都欢喜学工程或经济，以为出路好，容易赚钱。存这种心理的人根本不配谈学问，也根本不能做好一行职业，因为他们的兴趣不在学业或职业自身的成就，而在它对于个人所能产生的实利。得鱼忘筌[①]，钱赚到手了，学业和事业有无成就却不必管。这种人的毛病都在短见。“行行出状元”，世间能有哪一种学问不能学好，或是哪一种职业不能做好？能有真正在学业和事业上有成就的人会穷得要饿死？如果以为某一行比较走时，或比较容易成功，不费多少气力就可以有成就，这也是妄想。我们必须谨记着“不问收获，只问耕耘”这句至理名言。下一分工夫，自然有一分成就。世间纵然也偶有不劳而获的事，那是苟且侥幸，除着寄生虫，都不应存苟且侥幸的心理。

此外，职业起于社会的分工合作的需要。社会需要一种职业，那一种职业就对于社会有效益。一个人有无荣誉，不能看他任的什么职业，应该看他在他的职位是否尽责。

无论在学业或职业中想成就事业，都需要两种基本德行。第一是“公”。公就是公道公理。一个问题的看法，一个事件的处理，都须依据一个客观的普遍的道理，对自己说得过去，对他人也说得过去，无论谁来看，都会觉得这是最合理的解决，学问也好，事业也好，都要尊重这种公道公理，才不致发生弊端。公的反面是私。世间许多人许多事都败于私心自用。做学问存私心，便为偏见所蒙蔽，寻不着真理；做事存私心，便不免假公济私，贪污苟且，败坏自己的人格，也败坏社会的利益。其次是“忠”。“忠”是死心塌地地爱护自己的职守，不肯放弃它或疏忽它。把学问当做敲门砖，把职业当做营私的门径，就是不忠于所学所职，为着势利的引诱放弃自己的学业或职业去做别的勾当，都是不忠。忠才能有牺牲的精神，不计私人利害，固守职分所在的岗位，坚持到底，以底于成。忠是基本德行，有了它也就有了两种附带的德行，勤与勇。勤是精进不懈，时时刻刻努力前进，务求把事做好；勇是无畏不屈，遇到任何困难，都必须拼命把它克服。懒怠与怯懦是治学与治事的大忌；它们的病源在缺乏忠诚与忠诚所附带的热情。

每个人都是自己的命运的主宰。这个世界是冷酷无情的，一个人如果想以寄生虫的心习，去侥幸获取只有勤奋的蜂蚁所能获到的花蜜，他终究必归自然淘汰。

---

① 〔得鱼忘筌(quán)〕指成功以后就忘了赖以成功的事物、条件。

凡是关心学业、职业和事业的人,须记起这一番简单的道理。

思考与练习

预习作业

一、抄写下列词语,并给加点字注音。

禀赋	拘守	隽永	侥幸	并行不悖
怯懦	耕耘	相称	得鱼忘筌	假公济私

二、本文运用了哪些论证方式?请根据原文举例说明。

研读探究

三、作者在《学业·职业·事业》中是如何阐述学业、职业和事业三者之间的关系的?请简要概括。

四、从论证方法的角度,赏析“职业是必然的,事业是自由的。职业选择往往受社会环境、家庭背景等因素的限制,而事业则更多地取决于个人的理想和追求”这一段落。

积累拓展

五、学习了本义后,你对自己以后的职业定位有哪些新的认识?结合专业,给自己拟定一份职业规划。

知识拓展

议论文文体知识

一、议论文的概念及分类

(一)概念

议论文又叫说理文,是一种剖析事理、论述事理、发表意见、提出主张的文体。

议论文是以理服人的文章,不同于记叙文以形象生动的记叙来间接地表达作者的思想感情,也不同于说明文侧重介绍或解释事物的形状、性质、成因、功能等。

而是通过摆事实、讲道理、辨是非、举例子等方法，来确定某观点正确或错误，树立或否定某种主张。议论文具有观点明确、论据充分、语言精炼、论证合理、有严密的逻辑性的特点。

（二）分类

1. 立论文

指针对一定的事件或问题，正面阐述自己的见解和主张。同时要用充足的有说服力的论据来证明所提出的论点。通常先提出论点，然后围绕论点展开论证，通过列举事实、引用名言等方式来支持自己的观点，使读者能够清晰地了解作者的立场和观点，并认同其正确性。

要求：①要对论述问题有正确的看法；②用充足有说服力的论据；③要言之有理，合乎逻辑。

2. 驳论文

指通过反驳对方的论点、论据或论证过程来树立自己的观点。它一般是先摆出对方的错误观点或论据，然后进行批驳，指出其错误所在，最后提出自己正确的观点，并加以论证。驳论文的目的在于揭露和批判错误的观点，捍卫真理。

二、议论文的三要素

（一）论点

1. 定义

论点是作者对所论述问题的见解和主张，是议论文的核心与灵魂，它明确地表明了作者的立场和观点。

2. 分类

（1）中心论点：一篇议论文一般只有一个中心论点，它是全文的统帅和核心，贯穿文章始终，所有的论述都围绕它展开。例如在《劝学》中，“学不可以已”就是中心论点，全文都在围绕这个观点论述学习的重要性和必要性。

（2）分论点：是对中心论点的进一步分解和细化，从不同方面、不同角度来支持中心论点，使中心论点更加具体、更有说服力。如在论述“读书的重要性”这一中心论点时，可设立“读书可以增长知识”“读书可以陶冶情操”“读书可以提升能力”等分论点。

3. 要求

(1)正确性:论点必须符合客观实际,经得起实践检验,不能出现与真理相悖的情况。

(2)鲜明性:作者态度要明确,赞成什么、反对什么,要清晰地表达,不能模棱两可。

(3)新颖性:论点应具有独特的见解和思考,能给人以新的启示,避免老生常谈。

(二)论据

1. 定义

论据是用来证明论点的材料,是论点成立的基础,也是文章的主体内容。

2. 分类

(1)事实论据:包括具体事例、概括事实、统计数字、亲身经历等。如在论证"勤奋出成果"这一论点时,可列举爱迪生发明电灯经过无数次实验,最终成功的事例;也可以用某班级通过勤奋学习,整体成绩大幅提升的统计数据作为论据。

(2)道理论据:包括名言警句、谚语格言、科学原理、定理公式以及作者的说理分析等。像在论述"要保持乐观心态"时,引用"乐观的人在每个危机里看到机会,悲观的人在每个机会里看见危机"这句名言,就属于道理论据。

3. 要求

(1)真实性:论据必须是真实可靠的,不能虚构或歪曲事实,只有这样才能使论点具有说服力。

(2)典型性:应选择具有代表性和普遍性的事例或道理,能深刻地揭示事物的本质和规律,以一当十,增强文章的说服力。

(3)相关性:论据要与论点紧密相关,能够直接或间接地证明论点,不能与论点脱节或无关。

(三)论证

1. 定义

论证是运用论据来证明论点的过程和方法,是连接论点和论据的逻辑纽带,体现了作者的思维过程和推理方式。

2. 常见方法

(1)举例论证:通过列举具体的事例来论证论点。如在论证“挫折能使人成长”时,列举司马迁遭受宫刑后忍辱负重写成《史记》的事例,使论点更具说服力。

(2)道理论证:引用名人名言、谚语格言、科学原理等进行论证。比如在论述“知识的作用”时,引用培根的“知识就是力量”,增强了文章的权威性和说服力。

(3)对比论证:将正反两方面的论点或论据加以对比,突出正确的观点。如在论述“自律的重要性”时,将自律的人和不自律的人的不同生活状态和成就进行对比,使读者更清晰地认识到自律的意义。

(4)比喻论证:用人们熟知的事物作比喻来证明论点。例如把“人生”比作“一场旅行”,论证要珍惜过程中的风景和经历,使抽象的道理变得生动形象、通俗易懂。

3. 要求

(1)逻辑性:论证过程要符合逻辑规律,推理要严密,不能出现逻辑漏洞,使论点和论据之间形成紧密的因果关系或其他合理的逻辑关系。

(2)充分性:运用足够的论据和合适的论证方法,对论点进行全面、深入的论证,使论点得到充分的支持,让人信服。

(3)灵活性:根据论点和论据的特点,灵活运用多种论证方法,使文章的论证更加丰富多样,避免单调和枯燥。

三、议论文语言特色

议论文以议论为主要表达方式,其语言具有准确性、严密性、鲜明性、概括性、逻辑性和生动性等特色,以下是具体分析:

(一)准确性

1. 用词精准

议论文在表达观点和论证过程中,对词语的选择十分讲究,要求使用准确恰当的词汇来表达精确的概念和思想。如“实践是检验真理的唯一标准”中,“唯一”一词精准地强调了实践在检验真理中的独特地位,不可替代。

2. 数据确切

在运用数据作为论据时,数据必须准确无误,以增强论证的可信度。比如“据相关统计,我国每年因吸烟导致的疾病死亡人数高达数百万”,确切的数据使吸烟有害健康的观点更具说服力。

（二）严密性

1. 修饰限制严格

会使用大量的修饰语和限制词，对所论述的对象、范围、程度等进行严格界定，使论证无懈可击。像“一般来说，在正常的市场环境下，供求关系会影响商品价格”一句中“一般来说”“正常的” 等词对条件进行了限定，使表达更严谨。

2. 论证逻辑严密

段落之间、句子之间衔接紧密，过渡自然，遵循一定的逻辑顺序，如因果关系、递进关系、并列关系等。例如在论述“创新对企业发展的重要性”时，先指出市场竞争的激烈现状，再分析创新能提升企业竞争力的原因，最后得出企业必须创新才能持续发展的结论，逻辑上环环相扣。

（三）鲜明性

1. 观点态度明确

作者对所论述的问题持有的观点和态度毫不含糊，赞成什么、反对什么，一目了然。如“我们必须坚决反对任何形式的腐败行为，维护社会公平正义”，鲜明地表达了对腐败行为的反对立场。

2. 爱憎情感分明

通过词语的感情色彩等方式，表达强烈的爱憎情感，感染读者。如在批判不良社会现象时，会使用“丑恶”“卑劣”等带有贬义的词汇，表达对其的厌恶和批判。

（四）概括性

1. 事例高度概括

在运用事实论据时，不会详细叙述事件的全过程，而是抓住关键信息，进行高度概括。比如在论证“坚持就是胜利”时，提及“爱迪生经过无数次失败，坚持实验，最终发明了电灯”，简单几句话就概括了爱迪生发明电灯的艰难过程，突出了坚持的重要性。

2. 语言简洁凝练

用简洁的语言表达丰富的思想，避免冗长、啰嗦的表述。如“生于忧患，死于安乐”，短短六个字就概括了一种深刻的人生哲理。

(五)逻辑性

1.推理符合逻辑

论证过程遵循逻辑推理的基本规则,如归纳推理、演绎推理、类比推理等,使论点和论据之间建立起合理的逻辑联系。例如通过"所有的金属都能导电,铁是金属,所以铁能导电"这样的演绎推理,使论证具有逻辑性。

2.结构逻辑清晰

文章整体结构按照提出问题、分析问题、解决问题的逻辑顺序展开,段落之间也有明确的逻辑层次,使读者能够清晰地把握作者的论证思路。

(六)生动性

1.修辞手法多样

运用比喻、拟人、排比、反问等修辞手法,使语言更加生动形象,增强文章的感染力和说服力。如"书籍是人类进步的阶梯",用比喻的手法生动地说明了书籍对人类的重要作用。

2.引用增强文采

通过引用名言警句、诗词歌赋、民间谚语等,增添文章的文化底蕴和生动性。如在论述珍惜时间的重要性时,引用"一寸光阴一寸金,寸金难买寸光阴",使文章更具文采和说服力。

四、议论文论证结构及思路

议论文论证结构是指文章中论点、论据和论证方法的组织形式及逻辑关系,常见的论证结构包括总分式结构、并列式结构、递进式结构、对照式结构、引议联结式结构。

议论文论证思路是指作者在论述观点时的思维过程和行文结构,清晰合理的论证思路能使议论文逻辑严谨、条理分明,增强文章说服力。论证思路会因论证结构、论点与论据组织方式不同而有差异,以下为常见的论证结构、特点、思路和示例。

(一)总分式结构

1.特点

先提出一个总的论点,然后将总论点分解为若干个分论点,分别从不同方面、不同角度论证,最后再对分论点进行总结归纳,回应总论点。这种结构形式条理清晰，层次分明，能让读者迅速抓住文章的核心和脉络。

2. 结构示例

以“谈读书的重要性”为总论点，可以设立“读书可以增长知识”“读书可以陶冶情操”“读书可以提升能力”三个分论点，分别从不同角度论述读书的重要性，最后总结强调读书对个人成长和发展的重要意义。

3. 思路

开篇提出中心论点，总领全文；随后将中心论点拆解为多个分论点，各分论点独立成段阐述，从不同角度支撑中心论点；结尾总结分论点，强化中心论点，使文章结构完整、逻辑连贯。

4. 思路示例

在《六国论》中，苏洵开篇提出“六国破灭，非兵不利，战不善，弊在赂秦”的中心论点。接着，分别从“赂秦而力亏，破灭之道也”和“不赂者以赂者丧，盖失强援，不能独完”两个分论点展开论述，通过对韩、魏、楚三国赂秦和齐、燕、赵不赂秦但因其他国家赂秦而灭亡的史实分析，支撑中心论点。结尾总结六国灭亡教训，强调“为国者无使为积威之所劫哉”，回扣论点，发人深省。

（二）并列式结构

1. 特点

文章的几个层次、段落之间的关系是平行的，它们分别从不同的角度、不同的侧面来论证中心论点，各个分论点之间没有主次之分，地位平等，共同为中心论点服务。

2. 结构示例

在论证“人生的价值”这一中心论点时，可以从“人生的价值在于奉献”“人生的价值在于创造”“人生的价值在于追求”三个并列的方面进行论述，每个方面都独立成段，分别列举事例、引用名言等论证，共同阐述人生价值的内涵。

3. 思路

先明确中心论点，之后围绕中心论点，设置几个平行的分论点，各分论点论述时采用相似结构，分别从不同侧面论证中心论点，彼此间无主次、先后之分，共同增强论证的全面性。

4. 思路示例

以“论创新的重要性”为例，中心论点为“创新是推动社会进步的关键力量”。分论点分别是“创新推动科技发展”“创新促进文化繁荣”“创新助力经济腾飞”。在论述时，依次列举科技创新成果、文化创新案例、经济创新模式等论据，论证每个分论点，从多个维度凸显创新的重要性。

（三）递进式结构

1. 特点

文章的各个层次之间是层层深入、步步推进的关系，后一个层次是在前一个层次的基础上进一步深入探讨，论证的内容由浅入深，由表及里，逐步揭示事物的本质和规律，使读者对论点的理解不断深化。

2. 结构示例

在论述“环保的重要性”时，首先论述环保对人类生存环境的直接影响，如空气质量、水资源等；接着进一步论述环保对生态平衡的重要意义，如物种多样性等；最后深入探讨环保对人类社会可持续发展的深远影响，层层递进，使读者深刻认识到环保的重要性。

3. 思路

按照由浅入深、由表及里、由现象到本质的逻辑顺序展开论证。先提出问题，引发读者思考；再分析问题，深入剖析问题产生的原因、影响等；最后解决问题，提出相应的对策或结论，使读者对论点的理解不断深化。

4. 思路示例

在论述“环保行动刻不容缓”时，先列举当前环境污染的现象，如雾霾频发、垃圾围城等，提出环保问题；接着分析造成这些污染的原因，包括工业排放、生活污染、环保意识淡薄等；最后针对这些原因提出解决措施，如加强环保监管、推广环保技术、开展环保教育等，层层递进，呼吁人们重视并践行环保行动。

（四）对照式结构

1. 特点

把两种事物或同一事物的两个方面加以对照、比较，形成鲜明的对比，通过对比突出其中一个方面的正确性或重要性，从而更有力地论证中心论点。

2. 结构示例

在论述“诚信的价值”时，将讲诚信的人和不讲诚信的人的不同行为和结果进行对比。讲诚信的人得到他人的信任和支持，事业顺利发展；不讲诚信的人则失去他人的信任，最终自食恶果。通过这种对比，突出诚信的重要价值，使论点更具说服力。

3. 思路

将两种对立的事物、观点或同一事物的不同方面进行对比，在对比中突出正确观点，否定错误观点，使论点更加鲜明。一般先提出中心论点，然后从正反两方面展开论述，通过对比分析，强化论点的说服力。

4. 思路示例

在探讨“诚信是做人之本”时，先阐述诚信的人在人际交往、事业发展中获得的信任与成功，如某企业家因诚信经营赢得客户信赖，企业蒸蒸日上；再列举不诚信的人遭遇的信任危机和失败结局，如某商家制假售假，最终倒闭。通过正反对比，有力论证诚信的重要性。

（五）引议联结式结构

1. 特点

“引”即引出话题或论点，一般是通过引用材料、名言警句、社会现象等，引出要论述的问题；“议”是对引出的话题或论点进行分析议论，阐述自己的观点和看法；“联”是联系实际，展开论述，可以联系个人实际、社会现实、历史事件等，使论证更具针对性和现实意义；“结”是总结全文，归纳论点，强调观点的重要性，或者提出希望、发出号召等。

2. 结构示例

针对“网络暴力”这一话题，首先引用一则网络暴力的新闻事件引出话题，然后分析网络暴力产生的原因、危害等，接着联系当前网络环境中存在的各种网络暴力现象进行深入探讨，最后总结网络暴力对社会和个人的负面影响，呼吁大家抵制网络暴力，营造健康的网络环境。

3. 思路

首先“引”，引用名言、事例、社会热点等引出论题或论点；接着“议”，针对所引内容进行分析议论，阐述自己的看法；然后“联”，联系现实生活中的相关现象、问题，深入论证论点；最后“结”，总结全文，得出结论，或提出希望、倡议等。

4. 思路示例

以“论挫折”为题，先引用贝多芬双耳失聪仍创作出不朽乐章的事例引出挫折这一话题；然后议论挫折对人的成长具有磨炼意志、激发潜能的作用；接着联系生活中人们面对挫折时的不同态度与结果，如有的人在挫折面前一蹶不振，有的人却能奋勇前行；最后总结面对挫折应保持积极心态，勇敢战胜挫折，实现人生价值。

即时应用

一、议论文三要素指的是什么？

【答案】议论文的三要素是论点、论据、论证。通俗地讲，论点是解决“需要证明什么”的问题，论据是解决“用什么来证明”的问题，论证是解决“怎样证明”的问题。

二、论据有哪些常见形式及作用？

【答案】事实论据（如现实事件、历史事实、统计材料、具体数字等）与道理论据（包括人们公认的原理、公式、定义、法则、规律、名言警句等）。

论据的作用：无论是事实论据还是道理论据，作用都是证明作者的观点，只是我们在阅读时，要分析直接和间接证明作者的哪个观点。答题时往往要求答出直接证明的那个观点，这个观点未必是全文的中心论点。

三、阅读《语文学习要下苦功夫》，回答以下问题。

任何学问都是苦根上长出来的甜果。学习语文，同样非下苦功夫不可。

俗话说：“师傅领进门，学艺在自身。”语文涉及的知识面广，量大，具有强烈的综合性和实践性。因此语文学习是一个艰苦的过程，单靠按部就班的课堂学习，是远远不够的。

鲁迅在学生时代就坚持做读书笔记，写日记，手熟笔巧，为我们留下了大约一千万字的宝贵财富，成为文学大师，一代风范。

马克思精心研读文学名著，谙熟莎士比亚作品的词句、风格，并能背诵海涅、歌德的许多诗，讲话、写作便能得心应手，运用自如。

毛主席求学时，每读一本书总是开动脑筋，细推深究，圈点批注，因此他的文章带有真知灼见，并被同学们传诵。

1. 该文主要运用了哪种论证方法?

A. 道理论证　　B. 举例论证　　C. 比喻论证　　D. 对比论证

2. 这样的论证方法有什么作用?

【答案】

1. B

2. 举例论证:通过列举具体的事例加以论证,从而使论证更具体、更有说服力。

四、为什么议论文语言要求准确性、概括性、生动性、鲜明性?

【答案】议论文运用判断推理的逻辑推理,它要求议论语言周到,没有疏漏,无懈可击。否则议论文所提出的论点就立不起来,从而失去了文章的战斗力。所以严密性是议论文语言的第一要素。此外,议论文是说理文,要求文章应有明确的概念,严密的推理。若要达到这样的效果,必须注意语言的准确性。是非明确才能以理服人,色彩鲜明才能以情动人。无论是立论还是驳论,目的都是要树立自己的观点;为了达到这个目的,优秀的议论文的语言都具有是非明确、色彩鲜明的特点,否则就不能以理服人、以情动人。

五、例题讲解

请先读一读下面这篇文章《闲话》,再回答问题。

生活在一起,没事坐到一块儿,往往天南地北地侃上一阵。但需要注意的是:忌传闲话。

人们比邻而居,朝夕相处,彼此相互了解的事情自然多一些。东家的孩子犯了什么过失,西家夫妻拌上几句嘴,相互都会很快知晓。有的人则爱把邻家的过失、短处或不便公之于众的隐私作为传闲话的"佐料",有的人还爱在邻居之间搞小动作,以搬弄是非为乐趣。当然,这些传话的人并不都出于恶意,但无论出自何种动机,传闲话,往往会给邻里关系带来许多麻烦。再说大家在一起,哪有勺子不碰锅沿的,出现某些矛盾,相互有些误会,本是正常的现象,而传闲话的人却常常在矛盾的双方之间搬弄口舌,只能是无事生非,使本来和睦相处的邻居变得相互戒备,使本来就有的误会可能导致矛盾激化,大动干戈。邻里相处之大忌——传闲话。

1.阅读例文,说说例文的中心论点。

2.例文中运用了多种论证方法,请写出其中一种,并写出运用此论证方法的文章原句。

【答案】

1.邻里相处忌传闲话。

2.论证方法:比喻论证。原句:“有的人则爱把邻家的过失、短处或不便公之于众的隐私作为传闲话的‘佐料’。”

第五单元

沁园春·雪①

毛泽东

学习提示

《沁园春·雪》写于1936年2月。当时，遵义会议刚确立了毛泽东同志在全党的领导地位。毛泽东同志率领长征部队胜利到达陕北之后，领导全党展开了反抗日本帝国主义的伟大斗争。在陕北清涧县，毛泽东同志曾于一场大雪之后攀登到白雪覆盖的塬上视察地形，欣赏“北国风光”，然后饱含激情地写下了这首气吞山河的壮丽诗篇。

词作描绘了大好河山，追忆了往昔岁月，表达了对国家前途命运的思虑，抒发了作者以天下为己任的豪情壮志。学习时，要抓住起总领作用的关键词句，把握词作的写作思路，同时要结合写作背景，感受作者豪迈的气概和词作磅礴的气势。

---

① 选自《毛泽东诗词集》(中央文献出版社1996年版)。

课　文

北国①风光，千里冰封，万里雪飘。望长城内外，惟余莽莽②；大河上下，顿失滔滔③。山舞银蛇，原驰蜡象④，欲与天公⑤试比高。须⑥晴日，看红装素裹⑦，分外妖娆⑧。

江山如此多娇，引无数英雄竞折腰⑨。惜秦皇汉武⑩，略输⑪文采⑫；唐宗宋祖⑬，稍逊风骚。一代天骄⑭，成吉思汗⑮，只识弯弓⑯射大雕⑰。俱往矣⑱，数风流人物⑲，还看今朝。

思考与练习

预习作业

一、抄写下列词语，并给加点字注音。

滔滔　　妖娆　　折腰　　风骚　　天骄

风流　　莽莽

---

① 〔北国〕指我国北方。

② 〔惟余莽莽〕只剩下白茫茫一片。莽莽，形容原野辽阔，无边无际。

③ 〔滔滔〕指黄河波涛滚滚的样子。

④ 〔山舞银蛇，原驰蜡象〕群山好像（一条条）银蛇在舞动，高原（上的丘陵）好像（许多）白象在奔跑。原，作者自注："原指高原，即秦晋高原。"蜡象：白色的象。

⑤ 〔天公〕天。

⑥ 〔须〕等到。

⑦ 〔红装素裹〕形容雪后天晴，红日和白雪交相辉映的壮丽景色。

⑧ 〔妖娆〕娇艳美好。

⑨ 〔折腰〕弯腰行礼，这里是倾倒的意思。

⑩ 〔秦皇汉武〕指秦始皇嬴政（前259—前210）和汉武帝刘彻（前156—前87）。

⑪ 〔输〕和下文的"逊"都是"差、失"的意思。

⑫ 〔文采〕这里的"文采"和下文的"风骚"用来概括广义的文化，包括政治、思想、文化在内。

⑬ 〔唐宗宋祖〕指唐太宗李世民（599—649）和宋太祖赵匡胤（927—976）。

⑭ 〔天骄〕天之骄子。

⑮ 〔成吉思汗〕即元太祖铁木真（1162—1227）。

⑯ 〔弯弓〕拉弓。

⑰ 〔雕〕一种猛禽。

⑱ 〔俱往矣〕都过去了。俱：都。

⑲ 〔风流人物〕这里指能建功立业的英雄人物。

二、这首词分为上下阕，请概括上下阕各写了什么内容?

研读探究

三、词作中运用总分的手法描述雪景，表现出不同的雪景特点。试找出“具体描写雪景”句子的领起词，词中都描写了哪些具体景象，说说为什么会是这些景象。

四、从修辞手法的角度赏析“山舞银蛇，原驰蜡象，欲与天公试比高”。

五、从内容和结构两方面分析“北国风光，千里冰封，万里雪飘”在文中起到什么作用。

六、词中写道：“数风流人物，还看今朝”中的“风流人物”指的是谁？说说你的理由。

积累拓展

七、背诵《沁园春·雪》。

再别康桥①

徐志摩

学习提示

徐志摩说："我的眼是康桥教我睁的。"在诗人心中，康桥是一个具有生命、充满性灵的所在，是他的"生命的源泉""精神的依恋之乡"。《再别康桥》宛如一曲优美动听的轻音乐，为我们吟唱出了康桥的美，诗人的情，其优美的意境、流动的画面、和谐的音韵无不给人以美的享受。

以徐志摩为代表的新月派借鉴西方诗歌形式，融入中国传统格律，进行了新诗格律化的尝试。《再别康桥》是一首抒情诗，表达了作者对康桥依依惜别的深情。从形式上来说，这首诗充分体现了新月派"三美"的主张，即音乐美、绘画美和建筑美。学习时要通过反复朗诵，体会诗的节奏韵律，感受诗句的美，看看诗人的感情与诗歌的形式是如何完美融为一体的。

课　文

轻轻的我走了，
正如我轻轻的来；
我轻轻的招手，
作别西天的云彩。

---

① 选自《徐志摩诗全编》(浙江文艺出版社 1987 年版)。徐志摩(1897—1931)，浙江海宁人，诗人、散文家。康桥，现在译作"剑桥"，是英国剑桥大学所在地，徐志摩曾在剑桥大学留学。

那河畔的金柳，
是夕阳中的新娘；
波光里的艳影，
在我的心头荡漾。

软泥上的青荇[1]，
油油的在水底招摇；
在康河的柔波里，
我甘心做一条水草！

那榆荫下的一潭，
不是清泉，是天上虹；
揉碎在浮藻间，
沉淀着彩虹似的梦。

寻梦？撑一支长篙，
向青草更青处漫溯；
满载一船星辉，
在星辉斑斓里放歌。

但我不能放歌，
悄悄是别离的笙箫；
夏虫也为我沉默，
沉默是今晚的康桥！

悄悄的我走了，
正如我悄悄的来；
我挥一挥衣袖，

---

① 〔荇(xìng)〕多年生草本植物，叶子略呈圆形，根生在水底。

不带走一片云彩。

十一月六日，中国海上

思考与练习

预习作业

一、抄写下列词语，并给加点字注音。

荡漾　　青荇　　揉碎　　斑斓　　漫溯　　笙箫

二、默读诗歌，划分节奏，标出韵脚。

研读探究

三、人们都说《再别康桥》在形式上具有建筑美、音乐美、绘画美。如全诗四行一节，每一节诗行的排列两两错落有致，每句基本上六七字(间有八字句)，参差变化中见整齐，具有建筑美。再如每节押韵，逐节换韵，追求音节的波动和旋律感。“轻轻”“悄悄”等叠词的反复运用，增强了诗歌轻盈的节奏，使诗歌具有音乐美。你能说说本诗的绘画美体现在哪里吗？

四、品读诗歌，揣摩语言。说说下列诗句运用的修辞手法。

那河畔的金柳，是夕阳中的新娘。

五、“那榆荫下的一潭，不是清泉，是天上虹；揉碎在浮藻间，沉淀着彩虹似的梦”中“彩虹似的梦”究竟指的是什么？

积累拓展

六、查找并阅读徐志摩的《康桥再会吧》《雪花的快乐》《沙扬娜拉》等诗，进一步体会徐志摩诗歌的艺术特点。

致橡树[1]

舒　婷

学习提示

舒婷的《致橡树》是一篇向陈腐观念发出挑战的现代女性的爱情宣言，是一首富有时代气息的动人诗篇。《致橡树》中，我们能深刻体会到女性对真正平等的爱情的向往与呼唤。

抓住诗歌中的形象，恰当地展开联想和想象，反复吟诵，认真品味，你一定能理解诗歌深刻的意蕴，体会到诗中缠绵的倾诉和诗人坚定美好的信念。

课文

我如果爱你——
绝不像攀援的凌霄花[2]，
借你的高枝炫耀自己；
我如果爱你——
绝不学痴情的鸟儿，
为绿荫重复单调的歌曲；
也不止像泉源，
常年送来清凉的慰藉[3]；

① 选自 1979 年第 4 期《诗刊》。舒婷(1952—)，原名龚佩瑜，中国当代朦胧诗派的代表作家之一。

② 〔凌霄花〕落叶藤本植物，也叫紫葳。

③ 〔慰藉(jiè)〕安慰、抚慰。

也不止像险峰，
增加你的高度，衬托你的威仪。
甚至日光，
甚至春雨。

不，这些都还不够！
我必须是你近旁的一株木棉，
作为树的形象和你站在一起。
根，紧握在地下；
叶，相触在云里。
每一阵风过，
我们都互相致意，
但没有人，
听懂我们的言语。
你有你的铜枝铁干，
像刀，像剑，也像戟[①]；
我有我红硕的花朵，
像沉重的叹息，
又像英勇的火炬。

我们分担寒潮、风雷、霹雳；
我们共享雾霭[②]、流岚[③]、虹霓[④]。
仿佛永远分离，
却又终身相依。
这才是伟大的爱情，
坚贞就在这里：

① 〔戟(jǐ)〕一种古代的兵器，青铜制，将矛、戈合成一体，既能直刺，又能横击。
② 〔雾霭(ǎi)〕雾气。
③ 〔流岚(lán)〕流动的雾气。
④ 〔虹霓(ní)〕大气中一种光的现象。

爱——
不仅爱你伟岸[1]的身躯，
也爱你坚持的位置，
足下的土地。

思考与练习

预习作业

一、抄写下列词语，并给加点字注音。

攀援　凌霄花　痴情　霹雳　戟　虹霓　流岚
雾霭　慰藉

二、默读诗歌，划分节奏，标出韵脚。

研读探究

三、诗中在写到“凌霄花”“痴情的鸟儿”时，用的是“绝不”，而写到“泉源”“险峰”“日光”“春雨”时则用的是“不止”。试分析作者的情感变化。

四、诗中橡树和木棉的形象分别象征什么？表达了诗人怎样的爱情观？谈谈你对这种爱情观的理解。

五、凌霄花、鸟儿、泉源、险峰这一组意象表达了作者什么样的思想感情？

六、诗人否定了哪几种爱情观？为什么？

积累拓展

七、试写一首健康且能表达自己观点的爱情诗，适当地运用多种修辞手法和象征等表现手法。

---

① 〔伟岸〕雄伟挺拔。

春天，遂想起[1]

余光中

学习提示

余光中21岁时离开大陆移居中国台湾。真到本诗创作之日，他始终未能重归故里。他对故乡的思念日积月累，最终凝聚成字字含情的诗句，迸发出来。

作者从江南的风光景物、乡土人情以及历史文化起笔，然后忆及江南的故旧亲友，最后推出象征祖国大陆的母亲形象，形成了三个依次递进的抒情层次。诗中的江南不仅珍藏着他的少年时代，而且象征着母亲、象征着祖国、象征着中华民族悠久的文化。

本诗的中心意象是“江南”，诗人选取了大量具体可感、最能代表江南风物人文的意象，运用修饰语进行描绘，营造出弥漫着水乡旖旎气息的意境。诗中还用括号加文字，把不同时间和空间的场景组接在一起，抒发了浓浓的乡愁和深深的爱国情怀。

课　文

春天，遂想起

江南，唐诗里的江南，九岁时
采桑叶于其中，捉蜻蜓于其中

① 选自《余光中诗选》(海峡文艺出版社1988年版)。余光中(1928—2017)，当代诗人、散文家。祖籍福建永春，生于江苏南京，少时在江南度过。

（可以从基隆港①回去的）
江南
小杜②的江南
苏小小③的江南

遂想起多莲的湖，多菱的湖
多螃蟹的湖，多湖的江南
吴王和越王的小战场④
（那场战争是够美的）
逃了西施
失踪了范蠡⑤
失踪在酒旗招展的
（从松山⑥飞三小时就到的）
乾隆皇帝的江南⑦

春天，遂想起遍地垂柳
的江南，想起
太湖滨一渔港，想起
那么多的表妹，走过柳堤
（我只能娶其中的一朵！）
走过柳堤，那许多表妹
就那么任伊老了

① 〔基隆港〕位于中国台湾北端，是台湾北部的重要港口，与福建省隔海相望。

② 〔小杜〕指唐代诗人杜牧，他有绝句《江南春》。

③ 〔苏小小〕传说是南朝齐时钱塘（现在浙江杭州）名伎，死后葬在杭州西泠桥畔。也有人认为苏小小是后世文人雅客杜撰出来的人物，现实中并不存在。

④ 〔吴王和越王的小战场〕春秋时的吴国和越国都在江南地区，因争霸多次发生战争，后越国灭吴。

⑤ 〔逃了西施/失踪了范蠡(lǐ)〕越国被吴国打败后，越王勾践采纳大臣提出的“美人计”，以麻痹吴王的斗志。传说越国大夫范蠡周游全国，遍访佳人，在浙江诸暨苎萝村觅得西施，才子佳人，一见钟情，但国难当头，他们把爱情暂时放在一边，做出牺牲。越国灭吴后，范蠡携西施归隐江湖。

⑥ 〔松山〕指台北松山机场。

⑦ 〔乾隆皇帝的江南〕乾隆皇帝一生六次巡游江南。

任伊老了，在江南
（喷射云[1]三小时的江南）

即使见面，她们也不会陪我
陪我去采莲，陪我去采菱
即使见面，见面在江南
在杏花春雨的江南
在江南的杏花村
（借问酒家何处）
何处有我的母亲

复活节，不复活的是我的母亲
一个江南小女孩变成的母亲
清明节，母亲在喊我，在圆通寺

喊我，在海峡这边
喊我，在海峡那边
喊，在江南，在江南
多寺的江南，多亭的
江南，多风筝的
江南啊，钟声里
的江南
（站在基隆港，想——
想回也回不去的）
多燕子的江南

① 〔喷射云〕文中以此比喻飞机。

思考与练习

预习作业

一、抄写下列词语，并给加点的字注音。

多菱　　　　范蠡　　　　柳堤

二、找到诗中描绘江南风光的景物。

研读探究

三、江南一词的象征性是什么？

四、谈谈你对“复活节，不复活的是我的母亲”和“母亲在喊我”这两句话的理解。

五、本诗的中心意象是“江南”，作者在这一中心意象前加了许多修饰语，请在原诗中找出这些修饰语，并思考：这些修饰语大体可概括为哪几类？它们表现了江南的什么特点？

六、本诗每一节都有一个括号。从诗歌的文气和韵律来看，括号中的文字夹杂在全诗里似乎有些别扭，你认为这些文字能去掉吗。为什么？

积累拓展

七、诗人余光中笔下的江南充满了诗意，江南有那么多让作者想念的东西，这是作者记忆中的江南，那么江南在同学们的眼里又是什么样的呢？请同学们结合自己的经历和所学到的知识，写一篇有关江南的100字小短文。

知识拓展

修辞手法

一、什么是修辞手法？

修辞手法，就是通过修饰、调整语句，运用特定的表达形式以提高语言表达作用的方式或方法，使用修辞手法能使语言表达得准确、鲜明而生动有力。

二、常见的九种修辞手法整理

1. 比喻

项目	内容
定义	比喻是两种不同性质的事物，彼此有相似点，便用一事物来比作另一事物的一种修辞手法
特征	比喻就是“打比方”，即抓住两种不同性质的事物的相似点，用甲事物喻乙事物。比喻一般由三部分组成，即本体（被比喻的事物）、喻体（作比方的事物）和比喻词（比喻关系的标志）。构成比喻的关键：甲和乙必须是本质不同的事物，甲乙之间必须有相似点
三个基本要素	(1)本体：被比喻物。 (2)喻体：比喻物。 (3)比喻词：联系本体和喻体的词语
分类	(1)明喻：本体、喻体和比喻词都出现的比喻。典型形式是“甲像乙”。 (2)暗喻：又叫隐喻，本体和喻体都出现，中间用“是”“成了”“变成”等联结。典型的形式是“甲是乙”。 (3)借喻：只出现用来代替本体的喻体（直接叙述喻体），而本体和比喻词都不出现。 (4)博喻：连用几个比喻，从不同角度，运用不同的相似点对同一本体进行描述
作用	化平淡为生动，化深奥为浅显，化抽象为具体等
注意问题	(1)要准确贴切。一方面是指本体与喻体之间确有共同点——或者某方面的外部特征、形态类似，或者某一内部特征相仿；另一方面是指本体与喻体之间的情味、色彩必须协调。违背了以上的原则，就是不恰当的比喻。 (2)要合理创新。那些招之即来的比喻，往往也是最缺乏光彩的。只有那些生动贴切、想象新奇、发人所未发、给人以联想的比喻，才是成功的、有表现力的。但是，如果故意标新立异，也常常使比喻不伦不类，弄巧成拙。 (3)要通俗、形象。一般来说，总是用熟悉的事物来比喻生疏的事物，用具体的事物来比喻抽象的事物，用浅显的道理来比喻深奥的道理

2. 比拟

项目	内容
定义	比拟指把物当作人来写，把人当作物来写，或把甲事物当作乙事物来写的修辞方式
特征	有本体和拟体，拟体虽然是明确的，但一般不出现，而只是把适用于拟体的词用在被拟体上

续表

项目	内容
分类	(1)拟人:把物当作人来描写,赋予物以人的情感、意志、动作等,让无生命的事物好像有生命一样能活动,让有生命的事物好像人一样有思维和情感。 (2)拟物:把人当作物来描写,或把此物当作彼物来描写
作用	增强语言的生动性和形象性,使读者不仅对所表达的事物产生鲜明的印象,而且能感受到作者对事物的强烈感情,从而引起共鸣
注意问题	(1)必须符合人物的思想感情,符合所描绘的环境氛围。 (2)本体与拟体(人和物)应有相似点或相近点,使比拟生动自然,收到良好的表达效果。 (3)比拟不当常常表现为用以比拟的人和物之间没有相似点,或者不符合人物的思想感情和描绘的环境氛围
比拟与比喻的区别	(1)比拟是仿照拟体(被模拟的事物)的特征摹写本体,重点在“拟”;比喻是用喻体比作本体,重点在“喻”。 (2)比拟中,本体和拟体彼此交融,浑然一体,本体必须出现,拟体一般不出现;比喻的本体和喻体一主一从,本体或出现或不出现,而喻体必须出现

3. 借代

项目	内容
定义	借代指在一定的语境中,借用与所指事物有密切关系的另一事物来代替所指事物的一种修辞方式
特征	结构上的“本体”(所指事物)和“借体”(借用事物),一般只出现借体,不出现本体
分类	(1)特征代本体。如:大胡子凶神恶煞地吼叫着 (2)材料代本体。如:木受绳则直,金就砺则利 (3)标志代本体。如:谁料竟会落在“三道头”之类的手里的呢,这岂不冤枉 (4)人名代著作。如:我们要多读点鲁迅 (5)绰号代本人。如:芦柴棒,去烧火 (6)专名代泛称。如:一千个读者就有一千个哈姆雷特 (7)具体代抽象。如:不拿群众一针一线 (8)部分代整体。如:吟罢低眉无写处,月光如水照缁衣
作用	以简代繁,以实代虚,以奇代凡,以事代情。可以引人联想,使表达收到形象突出、特点鲜明、具体生动的效果

续表

项目	内容
注意问题	(1)借体和本体关系密切,借体必须能突出地代表本体,有鲜明的代表性,让人一听就明白所指称的事物。有时需要在上下文中对借体有所交代,使读者明白本体是什么。如"我家兄妹很多,已有两个五角星,两枚大学校徽",由于"五角星"既可指解放军,也可指铁路工人,"校徽"可代学生,也可代教师甚至校长。因此,不具有"鲜明的代表性",会造成歧义。 (2)借体往往带有褒贬色彩,反映人的思想感情,用人物特征作借体时,要注意褒贬色彩。代表正面人物时,宜用褒义的称号,反之则用人皆厌恶的事物来代表反面人物,如"诸葛亮"等作借体,常用来代指正面人物,而"三只手"等作借体,常用来代指反面人物
借代与借喻的区别	(1)借代的作用是"称代",即直接把借体称为本体,其只代不喻;借喻的作用是"比喻",虽然也有代替的作用,但总是喻中有代。 (2)构成借代的基础是事物的相关性,即要求借体和本体有某种关系;构成借喻的基础是事物的相似性,即要求喻体和本体在某些方面相似。 (3)借喻可改为明喻或暗喻,而借代不能

4. 夸张

项目	内容
定义	夸张是为了表达强烈的感情或给读者留下鲜明深刻的印象,故意夸大或者缩小事物的形象、数量、特征、作用等的一种修辞方式
特征	夸张的基础是真实性,被夸张的事物不是真如此,而是作者进行丰富想象的主观感受
分类	(1)扩大夸张:故意把一般事物往大(多、快、高、长、强……)处说。 (2)缩小夸张:故意把一般事物往小(少、慢、矮、短、弱……)处说。 (3)超前夸张:在两件事之间,故意把后出现的事说成是先出现的或与先出现的事同时出现的
作用	揭示本质,给人以启示;烘托气氛,增强感染力;增强联想,以创造意境;表明态度,语言生动
注意问题	(1)夸而有据,夸而有节。夸张要以客观事实为基础,要合乎情理,把握分寸,否则就很难给人以真实感。如"她讲到她受到的痛苦时,眼泪就像自来水管似的喷射出来",这句的夸张有失真实。 (2)夸张要明确、显豁,突出夸张的特点,不能又像夸张又像事实,模棱两可。如"屋里静极了,就连掉下一枚小钉子也听得见",这句很难说是夸张还是事实。 (3)要注意夸张的具体表现。夸张往往借助于比喻、比拟等修辞格来表现。 (4)要注意夸张运用的场合。在科学性文章中不适合运用夸张

5. 对偶

项目	内容
定义	对偶是用字数相等、结构相同、意义对称的一对短语或句子来表达两个相对应或相近或相同的意思的一种修辞方式
特征	从形式上看，组成对偶的两个句子一般来说字数相等，语法结构相同或相似，词性、平仄相对；从内容上看，对偶句表达的是相关或相对的内容
分类	(1)正对：从两个角度、两个侧面说明同一事理，表示相似、相关的关系。 (2)反对：上下句表示相反关系或矛盾对立关系。 (3)串对：上下句意义上具有承接、递进、因果、假设、条件等关系的对偶形式，也叫“流水对”。 (4)工对：字数、词性、结构、平仄、用字等均按对仗要求。 (5)宽对：基本符合对仗要求，但某些方面稍有出入，形式要求相对宽松。 (6)成分对偶：句中的某些成分构成对偶关系
作用	形式整齐，结构对称，可以收到一种均衡的美感效果。词句凝练概括，富有表现力，能够把相关事物间的关系表现得集中鲜明；使对立事物间的对比强烈，褒贬分明。节奏鲜明，音韵和谐，读来朗朗上口，便于传诵记忆

6. 排比

项目	内容
定义	排比是把三个或三个以上结构相同或相似，语气一致的短语、句子或段落成串地排列在一起的修辞方式
特征	形式上，构成排比的语句至少要有三个，而且结构相似，一般带有相同的提挈语；内容上，构成排比的词组或句子在语意上是相同或相关的
分类	(1)成分排比：一个句子中的一些成分组成排比。 (2)分句排比：一个复句的各个分句构成排比。 (3)单句排比：由几个单句构成的排比。 (4)复句排比：由几个复句构成的排比
作用	内容集中，增强气势；叙事透辟，条分缕析；节奏鲜明，长于抒情
对偶与排比的区别	(1)对称性与平列式。对偶是两个语言单位，而排比是三个或三个以上的语言单位。对偶必须对称；排比要求结构大体相似，字数要求不太严格。 (2)词语的重字与避重有别。排比经常以同一词语作为彼此的提挈语，使排比内容互相衔接，给人紧凑密集之感；而典型的对偶句上下两句不重字。 (3)对偶以要求平仄对仗为佳，排比则无此要求

7. 反复

项目	内容
定义	反复就是为了强调某种意思、突出某种感情,特意重复使用某些词语、句式或段落
特征	为了强调某种思想、突出某种情感,重复使用某些词语或句子
分类	(1)连续反复。 (2)间隔反复
作用	(1)用于说理文章,起强调作用。 (2)抒情写景,感染力强。 (3)承上启下,划段分层。 (4)加强节奏感,增强旋律美
注意问题	反复不是某些语句的简单重复,必须根据内容和感情的需要,抓住关键性词语,突出表达其中心或感情。层次要清晰,节奏感要强

8. 设问

项目	内容
定义	设问是为了引起别人的注意,明知故问、自问自答的一种修辞手法
特征	设问是无疑而问,目的是强调问题,以引起人们注意,启发人们思考
作用	设问不同于一般的疑问句,它是一种应用较广泛的修辞手法。有的文章直接用设问作标题,这种标题能够起到吸引读者、启发读者思索,使读者更好地体会文章中心思想的作用;有的设问用在一段或一节文章的开头或结尾,这种修辞手法能起到承上启下的作用。在长一点的说理文章中,为了使论证深入,波澜起伏,在关键性的内容上,设问说理更是行之有效的办法。可见,引起注意,引导思考,突出某些内容,使文章有变化、起波澜是设问的突出作用
注意问题	设问要用在必要的地方、必要的时候,要有针对性和启发性,要用得恰到好处。误用或滥用设问,非但不能增加文采,反而会削弱语言的表达效果

9. 反问

项目	内容
定义	反问也叫反诘,是为了加强语气,用疑问句的形式来表达确定的意思的一种修辞手法
特征	问而不答
作用	加强语气,增强表达效果,使语句具有无可辩驳的力量,能激发读者感情,给读者留下深刻的印象

续表

项目	内容
注意问题	不是任何句子都可以使用反问，一般在表达强烈感情时用，其表达的感情必须浓烈，观点必须鲜明

三、常见的易混修辞手法整理

1. 比喻句与非比喻句

项目	比喻句	非比喻句
相同点	语句中常用“像”“好像”“好似”等比喻词	
不同点	性质不同的两类事物；两者有一定的相似性	同类事物的比较、词的比喻义、表示想象和猜测
例析	“他的脸红得像苹果”中的本体为“脸”，喻体为“苹果”，“脸”和“苹果”为两类不同的事物，相似性为“红”	“他长得像父亲”为同类事物的比较，“他好像来过”表示猜测，“不要带着思想包袱学习”为词的比喻义

2. 借代与借喻

项目	借代	借喻
相同点	都用一事物代替另一事物，事物本体不出现（在一篇文章中，如果前面出现了“×像××”的比喻句，后文直接使用喻体，这就变成了借代）	
不同点	本质是“代”，是以事物的某种特征来代指本体，并没有可比对象	本质是“喻”，虽然它的本体和喻词都不出现，但隐含着可比的对象（即本体）
	作用是“称代”，即直接把借体称为本体，其代用的词大多是名词或名词性短语，不能起描写作用	作用是“比喻”，一般可以对未出现的本体起描写作用
	“代而不喻”，没有可比物，不能改为比喻	“喻中有代”，一般可以补进本体和喻词，改为明喻或暗喻
例析	“我们的时代需要千千万万个雷锋”为借代，用“雷锋”代指“具有雷锋精神的人物”	“不能让这些充满暴力的漫画毒害我们的幼苗”中借“幼苗”比喻儿童，故为借喻

3. 对偶与对比

项目	对比	对偶
基本特点	是“对立”	是“对称”

续表

项目	对比	对偶
结构形式	从意义上来说，它要求意义相反或相近，而不管结构形式如何	从结构形式上来说，它要求结构相称，字数相等
例析	“有的人骑在人民头上：呵，我多伟大！有的人俯下身子给人民当牛马”中的“有的人（骑在人民头上）”与“有的人（俯下身子给人民当牛马）”进行了对比	“华彩翰章乃思想映现，鸿篇巨制是情感铸就”为对偶句，其中“华彩翰章”与“鸿篇巨制”相对，“乃”与“是”，“思想映现”与“情感铸就”相对

4. 比喻与比拟

项目	比喻	比拟
侧重点	用喻体比喻本体，重点在“喻”	仿照“拟体”（被模拟的事物）的特征“摹”写本体，重点在“拟”
标志	本体和喻体一主一从，本体或出现或不出现，而喻体必须出现	本体和拟体彼此交融，浑然一体，本体必须出现，拟体一般不出现
词性	“以此喻彼”其修辞特点往往体现在名词或名词性短语上，且喻体必须出现	“拟此为彼”其修辞特点往往体现在动词上，而拟体始终不出现
例析	“儿童是祖国的花朵，是祖国未来的建设者”中将“儿童”比喻成“花朵”符合比喻的条件，故为比喻句	“海啸发出狂野的怒吼，掀起滔天巨浪，将这个太平洋岛国淹没在汪洋之中”中的“发出狂野的怒吼”“掀起滔天巨浪”模拟了人具有的动作——“发出怒吼”“掀起巨浪”，故为拟人句

第六单元

写作是一种对学生综合思维能力的考查和培养方式，也是常规考试的重要组成部分。书面表达思想和观点，不仅能培养学生的思辨能力，提高语言表达能力，还能培养学生的观察能力和创造力，帮助学生更好地面对社会和生活中的各种情境。

本单元对标职教高考考试标准，旨在帮助考生准确理解题意、明确中心、感情真挚、思想健康；做到选材得当，内容充实；结构合理，条理清楚；能恰当运用各种表达方式，语言准确、通顺、得体，书写规范，卷面整洁。在内容设计上详细解读了记叙文与议论文的知识要点，总结概括了相关应试技巧，提供了优秀范文供学生学习与参考。采取“讲练结合、专题突破”的方式，开展针对性地写作训练，不断增强学生写作应试能力，逐步提升学生的综合写作水平。

一、记叙文写作方法

(一)什么是记叙文?

记叙文是文学中的一种文体形式，是以记人、叙事、写景、状物为主要内容，以叙述、描写为主要表达方式的一种文体，包括非虚构故事、日记随笔、新闻通讯、报告特写、人物传记、山水游记等，也包括一部分虚构的小说、散文、神话、寓言、童话等文体样式。

记叙文具有可见、可闻、可感的特点，记叙文的表达方式是叙述和描写，记叙文内容多样，但一般要包括人物、时间、地点，事件的起因、经过和结果。记叙文根据分类可以分成写人、写景、写事、状物记叙文。记叙文的顺序有顺序、倒叙、插叙、补叙等方式，记叙文的人称特点有第一人称、第二人称、第三人称的区别，记叙文的表达方式有叙述、描写、抒情、说明、议论等分类。

（二）记叙文的基本要素

记叙文六要素分别是事件发生的时间、事件发生的地点、事件设计的人物、事件的起因、事件的经过、事件的结果。

（三）记叙文的记叙顺序

1. 顺叙

指记叙的时候按照事情发生、发展和结局的顺序来写，前因后果、条理很清楚。

2. 倒叙

指记叙的时候把后发生的事情写在前面，把先发生的事情写在后面。先把结局说出来，吸引读者了解其起因和过程。

3. 插叙

指在记叙过程中，需要插入另一些有关的情节，再接着叙述后来的事情。插入的内容对主要情节起补充衬托，有时会起到解释说明，使文章脉络清晰、结构紧凑。插叙一般不作为文章中心。

4. 补叙

指行文中用三两句话或一小段话对前边说的人或事作一些简单的补充交代。运用补叙，有助于更好地表达主题，使文章结构完整，行文跌宕起伏，实现出人意料的效果。

5. 分叙

分叙法是指叙述两件或两件以上的同一时间内不同地点发生的事情，也叫平叙法。

（四）记叙文的写作技巧

1. 开头部分

好的开头是文章成功的一半，一篇文章如果能有一个漂亮的开头，会赢得良好的第一印象，对整篇文章档次的提升也有帮助。介绍以下几种方式：

(1)开门见山,直接入题。

(2)情境交融,营造意境。

(3)事物引入,触动情怀。

(4)巧用修辞,展示文采。

(5)运用倒叙,设置悬念。

(6)欲扬先抑,波澜起伏。

(7)巧设题记,突显主题。

2. 中间部分

文章要想获得高分,需要打造充实丰满的文章主体,情节的发展、人物的塑造、感情的表达等都要通过主体来完成。

(1)确保主体的充实。

(2)确保主体的干练。

(3)确保主体的新颖。

3. 结尾部分

一篇优秀的文章,还需要有个好的结尾。好的结尾要对文章有凝练升华的能力,起到四两拨千斤的效果。

(1)照应式——首尾呼应,凝练全文。

(2)总结式——画龙点睛,主题升华。

(3)号召式——提出希望,点明主旨。

(4)描写式——生动描绘,渲染感情。

(5)暗示法——形象暗示,意犹未尽。

(五)优秀范文

范文 1

我的父亲

我的父亲并不高大,但在我心中他是那样伟大;我的父亲并不会赞美,他那默默的付出就如雨露滋润着我的心田。

父亲就像是一叶扁舟,承载着我,不离不弃。

独自坐在桌前,偶尔瞥见父亲那忙碌的身影,不由心里酸酸的;看见父亲鬓角间的白发，霎时间我觉得我长大了。

回想往事，如烟似影。那是过年的时候，寒风呼啸，吹过每个人的身体，留下白茫茫的一片。我那时年幼，又很任性，便要骑在父亲的背上。母亲不许，我便哭闹。终于，在我的软磨硬泡下，母亲总算是同意了。父亲背着我，在大街上走着，吸引着许多路人温暖的目光。那时候，我觉得不再寒冷，只觉得父亲的肩是那样的宽，是那样的温暖。现在，父亲的背弯了下去，也没有了从前的力量，而我却长大了，我要支撑着父亲，不离不弃。

父亲就像是一片海，包容着我，不言不语。

“这道题就是这样做的！”我暴跳起来。父亲在一旁平静地说：“你按我说的做，没错。”我大喊道：“可是老师就是这么讲的！”父亲又以平静的语气对我说：“信不信随你，我不管了。”接着，他就打开门离去。有时候，平静的语气往往使人没有理由争辩。此时我像一只困兽，对自己低吼。期中考试失利后，我的心情一直很烦躁，再加上父亲的不理解，我不禁失声痛哭起来。待发泄完情绪后，我渐渐平静下来，我又坐下来再一次地看这道题。我的大脑飞速地运转着，当我做完之后却发现并没有做错。我不由思考起来：会不会是我上课时听错了，或者是父亲算错了呢，这几天父亲怎么老挑我毛病呢？正当我百思不得其解时，父亲推门而入。他在我的旁边坐下，看了我一眼，对我说：“我想你已经平静下来了，你也许会惊奇地发现你并没有算错。”说着，他拿出了一个笔记本，递给了我，上面写着：“5 月 17 日，我必须改变一下我教育孩子的方式了，不能一味地顺着他，该改的坏习惯得改了，否则将会影响他以后的人生……5 月 19 日，孩子的习惯养成，在于我能不能坚持严格要求，必须学会激怒他，并在任何情况下不动摇……”看到这里，我恍然大悟，眼泪不知不觉地再流下来，我明白了我是多么的无知，多么的任性；而父亲却是一片海，宽容理解环绕着我。

父亲是一叶舟，承载着我，不离不弃；父亲是一片海，包容着我，不言不语……

范文 2

爱就在身边

亲情，爱情，友情，乡情……

这些情感有的单纯，有的复杂，有的浅淡，有的深厚，有的真挚，有的虚假。在我们的成长过程中，它们有的让我们害怕面对。

随着年龄的增长，我开始觉得父母对我的管束是多余的。我自己也应该有私人空间和属于自己的秘密，不再需要父母的询问，也不想让父母知道太多自己的秘密，所以我从来不让父母动我的东西。

一天放学回家，我猛然发现我的东西都搬了家！正好看到爸妈坐在电视机前有说有笑的，我就想：一定是他们动了我的东西。我想都没想就冲到他们面前："我不是告诉了你们不要动我的东西吗？"听我说出这话，父母脸上的笑容一下子就消失了。父亲生气地说："你怎么能这样跟我们说话呢？"而我也在母亲的眼里看到了她对我的失望。"总之，你们以后不要动我的东西了。"说完，我就负气出了门，一个人走在寒风萧瑟的街道上。街上不时刮来一阵阵寒风，让人不禁打起冷战。行人很少，偶尔碰到的人，也是全身裹得严严实实的，匆匆地往家赶。

走着走着，我就走到了路的尽头。终于，我不想再走下去，想回家了。毕竟在家享受着暖意比在这吹寒风舒服多了。我跺着冰凉的脚，急忙往家赶。出门时没穿太多的衣服，就觉得风更大了，脸被吹得发红，耳垂边也有微微的冻痛。

忽然，不知从什么地方传来了说话的声音，尽管风很大，但我依然听得很清楚。因为我认为这是慈母才能说得出的话——"来吧，孩子，快穿上我衣服，待会儿感冒了可就不好了，马上车就来了。至于我没什么关系的，你还很小，来！""快来，儿子，妈妈怎么也不能让你冻着……"

循着声音，我悄悄靠近他们。在街边等公车的站台上，一位相貌平平的中年妇女正脱下自己的外衣，往身边冻得瑟瑟发抖的小男孩的身上套。男孩却懂事的推让着，让妈妈穿上。妇女不容置疑地把外套套在了男孩的身上，紧紧地搂着他……

风，依然凛冽地刮着，我却感到有阵阵暖流从心底涌上来。我并不想惊动这对母子，抬头看到了远处驶来的公交车，悄悄地走开了。

回到家，母亲正在门口焦急地等待着。一看到我回来，便立刻把早就准备好的棉毯裹到我身上。"儿子，快点裹着，外面太冷了，我去给你倒杯热开水，好暖暖身子。"很平凡的一件事，却使我不禁泪流满面，一个劲儿地想往母亲怀里扑。

一片落叶，可以引发无限遐想；一叶书签，可以带来无限留恋。然而，一定有很少的人会想到，一句平凡的话语，也会使人潸然泪下吧！

当太阳的第一缕金光照射大地时，那是它给人类最温暖的爱；当月亮的第一缕银辉洒向大地时，那是它给人类最柔和的爱；当父母吐出一句最平凡的关心时，那是他们给予家人最博大的爱。其实，爱不用刻意安排，只要用心感受，你就会发现，它一直都在我们身边！

二、议论文写作方法

（一）什么是议论文？

议论文，又叫说理文，是一种剖析事理，论述事理，发表意见，提出主张的文体。作者通过摆事实、讲道理、辨是非、举例子等方法，来确定某观点正确或错误，树立或否定某种主张。议论文具有观点明确、论据充分、语言精炼、论证合理、有严密的逻辑性的特点。

（二）议论文的基本要素

议论文有三个基本要素：论点、论据和论证。

1. 论点：论点是作者对所论述问题的见解和主张，是议论文的灵魂。

2. 论据：论据是证明论点的材料，分为事实论据和道德论据。

3. 论证：论证是运用论据证明论点的过程和方法，是论点与论据之间的逻辑联系的纽带。

（三）议论文的结构

1. 并列式：将文章的中心论点分解成几个平行的、并列的分论点，它们从不同的角度、不同的侧面对中心论点展开论证。

2. 对比式：对同一问题的正、反两面论证、剖析，可以使说理更加透彻、深刻，使观点更加鲜明、更有说服力。

3. 递进式：先提出中心论点，然后按照事物的内在逻辑关系确立与中心论点相关的分论点，再层层深入地加以论证，证明中心论点的正确性。

（四）议论文的写作技巧

1. 论点引入

(1)故事铺垫法:叙述故事主要内容,接着引出论点。

(2)材料引入法:用精炼的语言概括材料,并进行一定程度阐述。

(3)名句引导法:直接引用名人名言,简洁明快,说明观点。

(4)使用修辞法:用修辞说明论点,形象生动。

(5)开门见山法:直截了当说出论点。

2.合理使用材料

(1)以小见大,深化论点:选取生活中细小、平凡,实则含义深刻的小事作为材料。

(2)突破常规,开阔思路:在文学作品或历史中寻找新颖的材料展开写作。

(3)关注社会,聚焦热点:积累政治、文化、经济、社会等领域热点话题,凝练材料。

(五)优秀范文

范文 1

困难非吾畏

生于世界上,存于宇宙间,我没有叱咤风云的雄伟气魄,没有武帝扬鞭东指的九死不悔,更没有司马迁成一家之言的丰功伟业,但我渴望陶渊明的怡然自得,渴望能有自己的一片天。

或许,我好像那个摔了跤的小孩,此时正经历炉火的冶炼,家庭、学校、社会的期盼,让我手足无措。虽然摔了一跤,然而我能够重新爬起,我从来没有怀疑过我的这种能力。

困难非吾畏。我愿自己走下去,摔倒了又怎样,失败了又何妨。我只想有一双自由翱翔的翅膀。请让我自己爬起。因为我坚信,一花凋零荒芜不了整个春天;一星陨落,暗淡不了整个宇宙;一次失败,影响不了我对明天的渴望。

困难非吾畏。站在历史的门槛上,捡拾一枚枚成功的贝壳,上面写满了挫折,没有人的一生是一帆风顺的,本为夏阳子,少小跃龙门,文采灿华星,铁笔铸英魂。腐刑焉能动,浩志岂自沦,不负男儿志,千秋太史君。成就了“史家之绝唱、无韵之离骚”的司马迁在监狱里过着非人的生活,遭受了人甚耻之的宫刑,然而挫折压不倒他,他不是从挫折中爬起来了吗?

仲尼厄而作《春秋》，孙子膑脚《兵法》修列，不韦迁蜀世传《吕览》。这些伟人达士都是在历经磨难之后才获得成功的，在挫折之后，帝王将相能成盖世伟业，在困难之后，我要擎起明日之朝阳，以径为经，以陌为纬，寻找我向往的桃花源。

我并不畏惧困难，但我极易迷失方向。太多的关心，让我寝食难安，生怕再次走错的路，太多的爱也会使我娇生惯养。我不惧怕困难，我渴望战胜困难的勇气和信心。

在这竞争日益激烈，越来越纸醉金迷的世界里，没有自己爬起的能力就无法长久立足。我热切的希望获得这种能力。

不要用言语打击我的自信，我用激扬的热血再获重生，也不要用手助我一臂之力，我会勇敢的自己站起。不是全部的压力都会有好的收获，必要时，请给我自由的空间。我要感谢全部的关心和爱，但我更加地呼唤属于我的空间。给我自己爬起的机会吧！不是全部的完美都成就人，也并非全部的遗憾都一事无存。困难我不怕，请让我自己站起。

范文 2

于平淡处享受人生

结庐在人境，而无车马喧。问君何能尔？心远地自偏。采菊东篱下，悠然见南山。山气日夕佳，飞鸟相与还。此中有真意，欲辩已忘言。好一首《归园田居》，好一个视功利为粪土的陶渊明，好一派平淡的生平。

轰轰烈烈的生活我不喜欢，惊天动地的事业我没有去做过。朋友们，在这个激情澎湃的年月里，我却钟爱一种平淡，因为那是一种享受。

品一杯香茗，翻几页书，每有会意，便欣然忘食，平淡是一种享受。

看着李清照东篱把酒黄昏后，有暗香盈袖，一种凄美的平淡，却是“帘卷西风，人比黄花瘦”的叹息，因为她有着令人羡慕的前半生，待到晚年时，过着平淡的生活，就耐不住那寂寞了。

平淡，是一种享受。桃花源便是陶渊明平淡的畅想的境界。在那里，人们老有所养，幼有所乐，尽享平淡的天伦之乐。

平淡，是一种享受。刘禹锡经历了“巴山楚水凄凉地，二十三年弃置身”的流放生活，没有功名，没有皇帝的垂青，终于在平淡中明白了“沉舟侧畔千帆过，病树前头万木春”。而他在享受平淡中是否悟出了那真意?

平淡,是一种享受。吴钧在《与朱元思书》中,早已告诉了我们。吴钧是一个享受平淡之人,在富春江中从流飘荡、任意东西。因为他平息热衷功名利禄之心,放弃经纶事务之任,他过得平淡、潇洒,一种快乐和喜悦溢于言表。

平淡,是一种享受。欧阳修虽遭贬谪,但却在平淡的生活中与滁民同乐,没有悲叹,没有灰心丧气,而是享受一种平淡的快乐,所以他才有“醉翁之意不在酒,在乎山水之间也”。

平淡,我是宇宙中之一员,我不喜欢灯红酒绿,成名利欲。在平淡中,可以读古人之心;在平淡中,可以观自然之美;在平淡中,可以明白事物;在平淡中,可以感动彻悟;在平淡中,可以兼济天下;在平淡中,可以拥有许多。

古人有古人的平淡,我也有我的平淡。平淡即生活,平淡即快乐,快乐即享受。虽然现在的我尚年小,没有明白那陶渊明的“真意”,但我想让喧哗的齿轮在内心停止,让平淡带来宁静的喜悦,这是一种生活,也是一种享受。

平淡,也是一种享受,来自心灵深处。

范文 3

持之以恒方成事

“锲而舍之,朽木不折;锲而不舍,金石可镂。”

“苟有恒,何必三更眠五更起;最无益,莫过一日曝十日寒。”

自古至今,凡大成者,无不有“恒”,凡成事者,无不用“恒”。

明代文学家宋濂,自幼嗜学,如饥似渴,无奈家境贫困,便令人难以设想地“假借”而“自笔录”,不舍昼夜,笔耕不辍;从师游学,纵使天寒地冻,衣衫不堪,求知的欲望胜过了肉体的摧残;同一片屋檐下,攀比荣华蔚然成风,而他丝毫无羡慕之意,潜心于学,以精神充实碾压物质丰裕。终有一朝,立侍九重天,承天子之宠,集万众之瞩,穷布衣摇身一变为大儒,青史一迹,受之无愧;后生之尊,理所当然。宋濂的成功,是在荆棘的磨砺下、山腰上奇芳异草的吸引下,以及一颗永葆生命之光的恒心引领下,冲破了枷锁、清除了藩篱、戳穿了屏障;才得以一览众山小,凛然而孤傲。

无独有偶,我国现代科学家屠呦呦在简陋条件下,带领团队艰苦创业,勇于创新,克服重重艰难险阻,历时 23 年,终于研制出了“升级版”双氢青蒿素。在医学领域取得了一项新成就，为治疟这一世界性问题的解决贡献了中国力量与中国智慧。

既然持之以恒如此重要，那么应怎样行动才叫“持之以恒”呢？

持之以恒，要注重平日积累，不要临时抱佛脚，机会永远是留给有准备的人的，技能绝不是一朝一夕便可练就的。俗话说得好“台上一分钟，台下十年功”。一定不能打没有把握的战争。不怕天不应、地不灵，就怕赔了夫人又折兵。日积月累才能成大事，脚踏实地才能铸辉煌。

持之以恒，要坚持不懈，不要一曝十寒。一时兴起，乘兴而行事，三分钟热度，只是一场没有回报的“下注”。坚持，便是给梦的种子源源不断地输送水和无机盐，结出的果皮和种皮都是芬芳与甘甜。古语云：“千里之行，始于足下。”再近的路，懒得迈开腿脚，便迷离了前途；现在迈出的一小步，也许正酝酿着后来的一大步。

莽莽红尘，风起云涌。唯持之以恒者进，唯持之以恒者胜，唯持之以恒者强。

古诗词诵读篇目

Contents

《将进酒》

《无题二首(李商隐)》

《诗经(关雎、蒹葭)》

《观沧海》

《龟虽寿》

《饮酒(其五)》

《送杜少府之任蜀州》

《登幽州台歌》

《次北固山下》

《使至塞上》

《行路难》

《黄鹤楼》

《望岳》

《春望》

《白雪歌送武判官归京》

《酬乐天扬州初逢席上见赠》

《钱塘湖春行》

《赤壁》

《泊秦淮》

《夜雨寄北》

《登飞来峰》

《游山西村》

《观书有感》

《过零丁洋》

《己亥杂诗》

《雨霖铃(寒蝉凄切)》

《念奴娇(赤壁怀古)》

《水调歌头(明月几时有)》

《虞美人(春花秋月何时了)》

《浣溪沙(一曲新词酒一杯)》

《天净沙(秋思)》